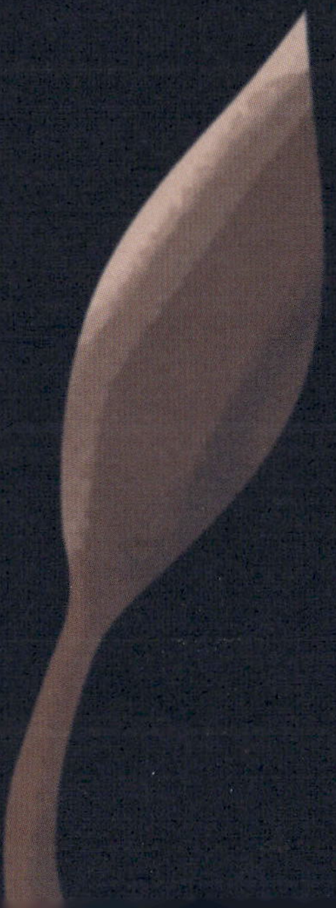

바다,

어디까지
내려가
봤니?

그레고리오와 그가 품은 광활함에 이 책을 바칩니다.

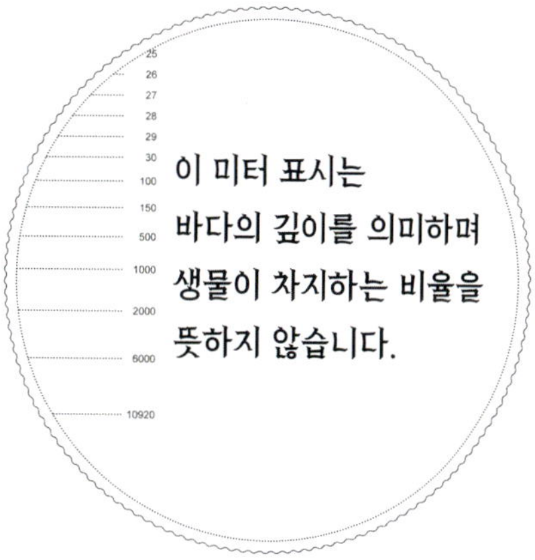

바다, 어디까지 내려가 봤니?

초판 1쇄 발행 2024년 11월 1일 | **4쇄 발행** 2025년 7월 1일
글쓴이 자눔베르토 아치넬리 | **그린이** 줄리아 차파로니 | **옮긴이** 김여진
펴낸곳 Lunchbox | **출판등록** 제 2020-0090호
주소 서울특별시 은평구 통일로 660, 306-201
펴낸이 허선회 | **편집** 하명란 | **디자인** 남우주
인스타그램 seonaebooks | **전자우편** jackie0925@gmail.com
Lunchbox는 도서출판 서내의 논픽션 그림책 브랜드입니다.

바다, 어디까지 내려가 봤니? | **제조자명** 도서출판 서내
제조국명 한국 | 인증유형 공급자 적합성 확인 | 사용연령 36개월 이상
주소 서울 은평구 통일로 660, 306-201 | **전화번호** 010-3648-9902
제조일 2024년 11월 1일

KC 마크는 이 제품이 공통안전기준에 적합하였음을 의미합니다.
*주의. 모서리가 날카로우니 아이들이 책을 입에 대거나 손을 다치지 않도록 주의하세요.

글쓴이 자눔베르토 아치넬리

곤충학자이자 작가인 자눔베르토 아치넬리는 환경 서사 프로젝트를 통해 자연에 대한 열정을 전달합니다. 학교, 회사, 협회 등 모든 사람들에게 자연에 대한 이야기를 하고 싶어합니다. 『나비의 놀라운 일생』, 『벌의 놀라운 일생』, 『보이지 않는 자연의 실』 등 수많은 책을 집필했습니다 .

그린이 줄리아 차파로니

밀라노에서 살고 있는 프리랜서 일러스트레이터입니다. 동화책을 좋아하고, 교육에 관한 책을 읽고, 예술가 블로그, 엄마, 공예, 스포츠를 탐색하는 것을 좋아합니다.

옮긴이 김여진

서울의 초등학교에서 아이들을 가르치며 '좋아서하는어린이책연구회' 운영진으로 매달 어린이책 애호가들과 깊이 교류하고 있습니다. 『소녀들에게는 사생활이 필요해』 『그림책 한 문장 따라 쓰기 100』과 『그림책 수업 대백과 261』(공저) 『떡상의 세계』(공저)를 썼고, 『나는 ( ) 사람이에요』 『독자 기르는 법』 『달팽이 헨리』 『선생님을 만나서 』 등을 번역했습니다. 창작이 일상을 지탱하는 힘이라고 믿으며 삽니다.
@zorba_the_green

바다,

어디까지
내려가
봤니?

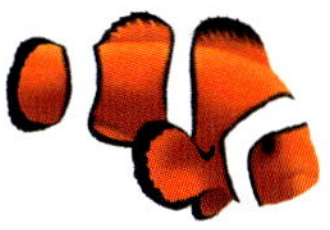

해수면부터 심해까지
바다 생물과 누비는 여행

글
자눔베르토 아치넬리

그림
줄리아 차파로니

옮긴이
김여진

Lunch box

여기서부터
아래로 내려갑니다

해수대의 층별 구분

표해수대

200 — 0

북극곰
대구
녹색날씬이갯민숭붙이
창꼬치
흰동가리

중심해수대

1,000 — 200

황제펭귄
실러캔스
눈다랑어
인간(호모 사피엔스)
산갈치

점심해수대

4,000 — 1,000

외뿔고래
대왕오징어
향유고래
키아스모돈
바이퍼피시(독사고기)

심해저대

6,000 — 4,000

좀비벌레
덤보문어
얼굴 없는 광대
귀신고기
아톨라해파리

초심해저대

10,920 — 6,000

알루미늄 새우
쥐꼬리물고기
마리아나 스네일피시
유즐동물 혹은 빗해파리
심해 잠수정 트리에스테

머리말

수백만 년 전, 혜성들이 깊은 우주 속을 누볐습니다.
이 혜성들은 오랜 여행 끝에 대기도, 아무런 장벽도 없는 어린 행성을 하나 만났습니다.
말할 필요도 없이 이 혜성들은 지구의 표면을 격렬하게 뒤흔들었습니다.

동시에 어린 이 행성은 완전히 다른 모습으로 탈바꿈했습니다. 행성의 배 부분이라고 할 수 있는 한가운데는 마그마가 구멍이 생길 틈만을 노리며 부글부글 끓고 있었어요. 출구를 찾은 마그마는 바깥으로 터져 나갔고, 검은 연기를 뿜어내며 지표면의 붉은 용암과 뒤섞였습니다. 세상에 종말이 온 듯한 장면이죠? 그렇기도 하지만 동시에 아주 특별하고 독특한 시작이라고도 할 수 있습니다. 혜성과 마그마 연기는 사실 유일무이한 물질을 품고 있었습니다. 바로 물이지요. 이렇게 지구는 원시바다를 품은 행성이 되었으며, 지금의 푸른 지구가 된 것입니다. 이야기는 아직 끝나지 않았어요. 지금부터 시작입니다. 화산에서 빠져나온 기체가 지구를 띠처럼 감싸며 대기가 형성되었습니다. 이 보이지 않는 층이 우주 공간으로 물이 퍼져 나가지 않게 막아 준 셈입니다.

한 해 한 해가 쌓여 한 세기가 되고, 백 년인 한 세기가 모여 천 년이 되고, 천 년들이 쌓여 수십 억 년이 지났습니다.
이렇게 축적된 시간 속에서 물이 지니고 있던 귀한 물질들이 태양에너지와 결합하여 복합분자를 만들어 냈죠.
그렇게 대략 35억 년 전 즈음 정확히 몇 년인지는 알 수 없지만, 어느날 아침(혹은 오후)에 파지직 불꽃이 튀듯이 생명이 생겨났습니다.

그렇게 원시세포들이 바닷물을 타고 이동하게 된 것입니다. 이제 이야기가 끝났냐고요? 아니요, 이 원시세포의 구조는 매우 단순했지만 그 안에 화산의 부지런함과 혜성의 호기심을 품고 있었거든요. 그렇게 원시세포들은 진화하고, 변화하고 다양해졌고, 일부는 고향인 바다를 탈출하게 된 것입니다. 달리 말하면, 어떤 동물들은 자신들의 독특한 신체 구조 덕분에 바다를 떠나 육지를 정복할 수 있었습니다. 생물들은 두 갈래 길로 가게 되었죠. 바다에 남느냐, 육지로 발돋움하느냐였습니다. 두 가지 환경이 180도 반대였기에 양쪽 동물들은 다른 모습으로 진화하게 됩니다. 30만 년 전쯤에, 육지에 특별한 인류의 종이 등장합니다. 바로 우리들입니다. 현생 인류인 호모 사피엔스는 큰 두뇌, 직립보행, 자유롭게 돌아가는 '맞서는 엄지'와 팔로 탈바꿈한 앞발 덕분에 매우 특별했습니다. 게다가 다른 동물들과 달리 무엇인가가 없어서 특별하기도 했습니다. 털이 없었으며 물에 살거나 오래 머물 수 있는 최소한의 인체 구조를 지니지 못했습니다.

우리의 고향, 매우 건조한 아프리카는 사실상 우리를 바다에 살기 어렵게 만들었습니다. 그래서 우리는 반짝이는 바닷물을 늘 동경하고, 그 광활함을 꿈꾸지요. 하지만 우리의 발달한 뇌는 꿈을 현실로 만들었고, 얽힌 생명의 신비를 기술의 힘을 빌어 풀어냈어요. 오늘날 우리는 물고기보다 해수면을 더 잘 누비며, 어마어마한 수압을 뚫고 심해의 생물보다도 더욱 바다 깊이 들어갈 수 있게 되었습니다.

우리가 바다와 물속 깊은 곳에서 발견한 것은 무엇일까요? 기기묘묘한 바다 생물들, 그리고 이 책에서 차곡차곡 모으고 그리고 설명한 세상의 경이로움이지요. 이젠 여러분과 그 신비를 나누고 싶습니다. 해구의 신비스런 깊은 곳으로 들어갈 준비가 되셨습니까? 수천 대기압이 넘는 엄청난 수압을 견뎌내는 생물들을 알고 싶나요? 정말요?

그렇다면 책장을 넘기고 경이로움 속에 몸을 맡기기만 하면 됩니다.

표해수대

(200미터 깊이까지)

생명은 바다에서 시작되었고, 여전히 바닷속에서 왕성히 살아 움직입니다.
대부분의 생명체들은 그들이 태어난 곳을 좀처럼 떠나지 않습니다.
또한 탄생한 곳에서 멀리 육지까지 이동해 온 생명도 물과 떼려야 뗄 수 없는 사이죠.
물이 '생명의 분자'라고 불리는 것도 우연은 아닐 겁니다.

해수면 아래에서 공기방울이 보글거리는 비밀스런 까닭을 알고 싶나요?

그러면 해수면에서 50미터 아래까지를 일컫는 아연안대부터 살펴보기로 하죠. 물에 잠수하자마자 우리는 바닷물만이 우리를 감싸고 있는 건 아니라는 걸 알게 됩니다. 우리는 푸른 물결 사이로 빛나는 광선, 즉 햇살과 함께 헤엄칩니다. 생명의 분자인 물은 결코 불투명하지 않으며 바다의 어느 부분까지는 햇빛이 통과하기도 합니다.

빛이 있는 곳에는 식물이 자라고, 식물이 있는 곳에는 광합성이 있죠. 광합성이 있는 곳에는 생명이 있습니다. 그래서 바다의 하부조간대 영역에는 가장 다양한 생명들이 산답니다. 광합성을 통해 식물은 태양에너지를 붙잡아 당의 형태로 만듭니다. 바로 포도당이죠.

포도당은 생명과 생명 사이를 오가며 '먹이사슬'을 형성하는 매우 달콤한 분자입니다. 이 해수대에서는 직접적, 간접적으로 모든 생명들이 에너지를 얻습니다. 어떻게 가능할까요? 바다는 다른 생태계와 마찬가지로 하나의 거대한 독립적인 시스템입니다. 바꿔 말하면, 모든 생명들은 서로 연결되어 있어요. 광합성으로 만들어진 유기물들은 연안대에서 물고기들의 먹이를 제공하지만 그게 전부는 아닙니다. 영양분들은 둥둥 떠다니다가 중력에 의해 결국 말 그대로, 바다 밑에서 사는 동물들의 큰 입에까지 도달합니다. 하지만 빛을 싫어하는 이 배광성 생물들 중 많은 개체가 먹이를 구하려고 해저에서 위로 올라옵니다. 그러나 종종 먹이를 찾기는커녕, 모두에게 영양소를 공급하는 '민주적'인 방식으로 다른 생물의 먹이가 되어 버리기도 합니다.

잊지 말아야 할 것이 있어요. 가장 깊은 해수대 또한 바다 전체의 생명의 순환에 기여하고 있어요. 식물들은 광합성을 하기 위해 무기염이라는 소금이 필요합니다. 이 소금은 완벽히 캄캄한 어둠에 잠겨 있는 해수대로부터 올라와 아연안대에 제공되지요. 이게 전부가 아니예요. 광합성이 만들어 내는 쓰레기, 즉 산소는 생명에 꼭 필요한 기초 물질입니다.

그래서 이 해수대에 생명이 이토록 풍부한 것입니다. 여기서 우리의 지구 전체가 상호 연결된 시스템이라는 것을 잊으면 안 되겠죠. 지구의 80% 이상이 바다로 뒤덮여 있어요. 지금 이 순간조차도 우리는 바다의 공기를 들이마시고 있는 셈입니다. 연안대의 풍부한 해조류는 대기 중 산소의 50% 이상을 만들어 냅니다. 폐로 들어가 우리가 살아있도록 하는 바로 그 산소 말이지요.

그 결과, 휙 움직이고 헤엄치고, 물에 둥둥 뜨고 달리고, 땅속에 살고, 지구 표면을 날아다니는 이 모든 생물들의 섬세한 생태계가 생겨난 것이죠.

푸른 바다를 보호하면 초록 들판도 파란 하늘도 함께 보존할 수 있습니다.

이제 말은 이만 줄이고 숨을 들이마셔 잠시 머금고 바다의 해수대로 들어가 볼 차례입니다. 바로, 해수면에서부터 50미터 깊이까지를 뜻하는 하부조간대입니다. 이 영역에는 햇살이 비추어 들고 무엇보다도 무수히 많은 생물들이 존재합니다. 그중 몇 가지 생물들을 알아볼까요?

1
2
3
4
5
6
7
8
9
10
11
12
13
14
15
16
17
연어
정어리
해마

18 19 20 21 22 23 24 25 26 27 28 29 30 31 32 33 34

복어

북극곰

북극곰은 육지에서 가장 몸집이 큰 포식자입니다.
하지만 헤엄도 느리고, 잠수도 잘하지 못해요.
그렇다면 물속에서 지금 뭘 하고 있는 걸까요?
이 포유류는 물에 사는 동물이라고 당당히 말할 수 있을 겁니다.
북극해에 뛰어들어 하루 최대 30킬로미터까지도 헤엄치니까요.
왜 이렇게 할까요?
가장 좋아하는 먹이인 물범을 사냥하기 위해서죠.

최근에 이 얼음의 왕자는 (북극에 사는 사람들은 북극곰을 이렇게 부른대요.) 위험에 처해 있어요.

지구온난화로 동물들이 올라탈 수 있는 빙하의 면적이 줄어들어, 결국 물범의 개체 수도 줄고 있는 것이죠. 우리는 북극에서 아주 먼 곳에 살고 있더라도 친환경적 실천을 통해 북극곰을 도울 수 있어요. 물범이 서식할 수 있는 얼음 덩어리가 녹지 않게 보호하는 선순환을 시작해 보는 거예요. 그러면 북극곰도 광활한 북극해를 마음껏 헤엄쳐 다닐 거랍니다.

물개

블루탱(남양쥐돔)
산호
나뭇잎해룡
곰치
게
35
36
37
38
39
40
41
42
43
44
45
46
47
48
49
50
51

52
53
54
55
56
57
58
59
60
61
62
63
64
65
66
67

듀공

대구

대구는 비교적 큰 물고기로 길이는 최대 1미터, 무게는 30킬로그램까지도 나갑니다. 대구는 산소가 풍부한 얼음 바다에 서식하며 갑각류와 무척추동물, 플랑크톤, 청어와 정어리 및 다른 작은 물고기들을 먹고 삽니다. 쉽게 말해 식성이 아주 좋은 물고기죠. 대구의 특징은 많은 개체 수, 풍부한 영양소를 지니고 있다는 점, 보존하기 좋다는 것입니다. 북유럽의 사람들은 대구를 말려 '말린 대구'로 저장했어요. 스페인 사람들과 포르투갈 사람들은 대구를 말리는 대신 소금에 절여 염장 대구로 저장합니다. 미국 매사추세츠 주에 초기에 정착한 사람들은 대구를 이용해 떼돈을 벌었습니다.

이들은 영국인들에게 대구를 판매했고, 영국인들은 감자와 대구를 곁들이는 아주 유명한 요리, 피시 앤 칩스를 만들었죠. 물고기는 물론 대구였고, 칩은 야채 중에서도 가장 저렴한 감자였죠. 싸다(cheap)와 감자 칩(chip)의 발음이 비슷했기에 제법 어울리는 이름일 수밖에 없었답니다.

녹색날씬이갯민숭붙이

세계 곳곳의 열대 바다에는 녹색날씬이갯민숭붙이라는 달팽이가 살아요. 복족류의 일종인 이 생물은 매우 흔해요. 몸뚱이도 먹이도 다른 바다 달팽이들과 비슷합니다. 녹색날씬이갯민숭붙이는 해조류를 뜯어 먹으며 삽니다. 하지만 동시에 동물계에서 아주 독특한 생물이기도 합니다. 먹이를 먹으면 먹을수록 이 동물의 색은 갈색에서 갈색을 띤 초록으로 바뀌어요. 몸의 색뿐만 아니라 행동도 완전히 달라지는데요. 해조류를 뜯어 먹던 달팽이였다가 어느새 바위에 붙어 천천히 잠수하여 거의 움직이지 않는 쪽으로 바뀌어 갑니다. 이 달팽이는 다른 모든 동물에 비견될 정도로 독특합니다. 무언가를 걸러내는 식으로 소화를 하기 때문이죠. 해조류를 먹고 광합성 과정에 필요한 세포기관인 '엽록소'를 몸에 남겨 두었다가, 자신의 세포로 옮깁니다. 녹색날씬이갯민숭붙이는 이런 방식을 통해 광합성을 하는 유일한 동물이 되었습니다. 그래서 몸이 바뀌고 나서는 햇빛을 흡수합니다. 어린 나무 묘목처럼 말이죠.

85
86
87
88
89
90
91
92
93
94
95
96
97
98
99
100
101
곱상어
벨루가(흰돌고래)
지중해몽크물범

102 103 104 105 106 107 108 109 110 111 112 113 115 116 117 118

파란농어

창꼬치

1869년 11월 17일, 지중해와 홍해, 인도양을 연결하는 수에즈 운하가 열렸습니다. 동쪽을 향하는 바닷길이 한층 편해졌죠. 창꼬치와 같은 물고기들에게도요. 이 공격적인 포식자인 창꼬치는 두 대륙 사이의 틈새를 오가며 새롭고 광활한 환경을 맘껏 누볐습니다. 창꼬치는 유난히 몸뚱이가 길쭉합니다. 그래서 억센 턱과 작고 뾰족한 이빨을 가진 채로 시간당 40킬로미터 속력으로 헤엄칠 수 있죠. 이런 빠르기와 여러 특징들 덕분에 지구온난화로 급속히 뜨거워진 지중해 바다에서도 작은 물고기나 갑각류, 오징어 떼를 공격해 먹이를 곧잘 구합니다. 그러나 창꼬치의 먹이가 될 물고기들은 이미 지구 곳곳에서 인간의 지나친 어업 활동으로 위기에 처해 있는 상황입니다.

119
120
121
122
범고래
123
124
125
126
127
128
129
꼬리돔
130
131
132
133
보라색가오리
134
135

말미잘

흰동가리

흰동가리의 집은 말미잘의 미끌거리고 독이 있는 촉수 사이사이입니다. 말미잘은 열대 바다의 바위에 자리 잡고 있어요.
다행스럽게도, 흰동가리 비늘 위의 점액은 말미잘의 독성 물질에 따라 달라집니다. 이게 전부가 아닙니다. 독이 있는 말미잘의 촉수에 몸을 비비면서 흰동가리의 몸의 표면 또한 독성을 품게 되고, 그래서 무척 화려한 색을 띠게 되는 것이죠. 흰색과 어우러진 빨간색을 통해 피부 속에 무기를 숨기고 있음을 잠재적 포식자들에게 경고하는 셈이에요.
그렇게 말미잘이 흰동가리를 보호해 주고, 얻는 게 있을까요?
물론입니다. 흰동가리를 보고 온 다른 포식자가 말미잘의 촉수를 물면, 돌기 속 자포들은 포식자를 사납게 공격합니다.
흰동가리는 적당한 크기와 겉모습과는 달리 전사와도 같은 성격을 가졌는데요. 공격했던 물고기들은 때로는 말미잘의 먹이가 되기도 하고, 겁을 먹고 바다 저멀리 도망치기도 합니다. 화려한 색과 독을 품은 흰동가리와 말미잘의 우정은 점점 굳건해집니다.

대서양조기

152
153
154
155
156
157
158
159
160
대서양고등어
161
162
163
164
165
코끼리물범
166
167

168
169
170
171
172
173
174
175
176
177
178
179
180
181
182
183
귀상어
빨간퉁돔

184
185
186
187
188
189
190
191
192
193
194
195
196
197
198
199
만새기
붉은바다거북
바다사자

중심해수대

(200 ~ 1,000미터)

표해수대에서는 아주 다양한 동물과 식물들을 볼 수 있었죠.
이제 우리는 푸른 바닷물을 뚫고 들어오던 햇살은 그만 잊어야 합니다.
희미한 새벽이라고는 존재하지 않는 중심해수대의 밤으로 들어가 보시죠.

이토록 어두운 바닷속에서도 우리는 많은 동물들을 만날 수 있습니다. 하지만 식물은 존재하지 않습니다. 그렇다면 식물 없이 심해의 생물들은 어떻게 생존할 수 있을까요? 무엇을 먹는 걸까요?

수온이 급격하게 변하는 수온약층이 제공하는 먹이로 모든 생물들이 생존할 수 있답니다.

수온약층에 대해 알아보려면 우리는 깊이, 더 깊이 내려가야 합니다. 얼마나 깊냐고요? 그건 어떤 바다이냐에 따라서 다릅니다. 지중해에서 수온약층은 150에서 400미터 사이죠.

수온약층은 물 한중간에 떠 있는 투명한 베일이라고 할 수 있습니다. 어떻게 보면 수온약층은 두께가 몇 센티미터 정도 되는 두꺼운 플라스틱 막과 닮았습니다. 바다를 두 부분으로 나누는 거죠. 위아래로요.

수온약층은 정확히 무엇일까요? 기후가 무척 좋을 때를 예로 들어보죠. 햇빛이 높이 내리쬐어 바다 깊숙이 비치면 바다 또한 따스해지고 생명도 번성합니다. 햇살의 일부는 물 표면을 진동시킨 다음, 반사되어 하늘로 다시 돌아갑니다. 하지만 나머지 햇살은 광활하고 푸른 바다를 가르고 들어가 바닷물을 데웁니다. 밤에는 바닷물이 다시 조금 차가워져 아래로 가라앉습니다. 수온이 낮을수록 물의 밀도는 높아지고 무게도 무거워집니다.

표면의 바닷물은 점점 아래로 내려가 얼음 벽을 만납니다. 정확히는 수온약층이죠. 해수면의 바닷물과 해저의 바닷물의 수온은 너무도 차이가 커 섞이지 않죠.

그렇다면 어떨까요? 해저는 식물들이 지닌 영양분을 공급받을 수 없는 걸까요? 다행스럽게도 겨울이 오면 바닷물은 말 그대로 휘저어집니다. 으스스한 계절에는 해수면의 수온이 해저의 수온과 같아져 버리고, 밀도 또한 같아집니다. 수온약층 또한 부서지며 바닷물도 섞이고 여름내 비축되었던 영양분들이 아래로 가라앉으며 해저 동물들의 먹이가 되어 준답니다.

200 201 202 203 204 205 206 207 208 209 210 211 212 213 214 215 216 217 218 219 220 221 222 223 224 225 226 227 228 229 230 231 232 233 234 235 236 237 238 239 240 241 242 243 244 245 246 247 248 249 250 251 252

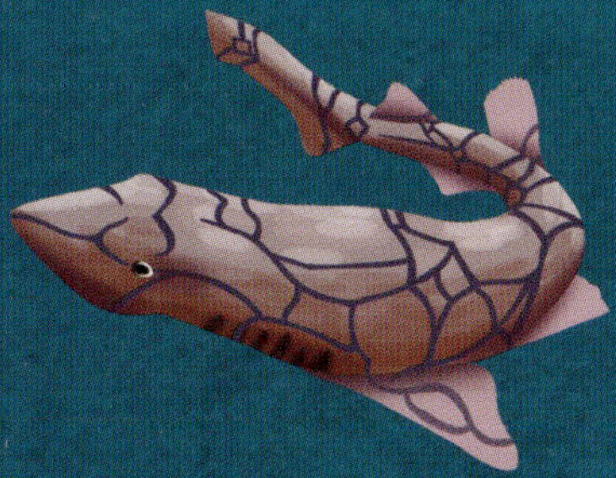

체인캣샤크

올리브각시바다거북

황제펭귄

다른 펭귄들과 마찬가지로 황제펭귄은 울타리 없는 푸른 하늘이 아닌 드넓은 바다에 삽니다. 곤충과 작은 씨앗을 먹는 대신 물고기와 갑각류, 오징어를 먹고 살아요. 그리하여, 펭귄은 새면서도 바다는 물론 남극에 적응하여 살아가고 있는 것이죠. 날개는 지느러미로 변했고, 몸뚱이는 큰 물고기처럼 끝으로 갈수록 잘록해졌으며, 발에는 물갈퀴가 있어 헤엄에 능숙합니다. 두 발은 사냥에 최적화되어 먹잇감을 발견하면 거의 시속 40킬로미터 속력으로 바다에 뛰어들 수 있답니다. 하지만 가장 큰 특징은 무호흡입니다.

황제펭귄은 숨을 거의 30분이나 참을 수 있고, 바다 저 아래까지 가서 사냥을 합니다. 수심 600미터인 곳까지도 말이죠! 어떻게 그렇게 깊이 갈 수 있냐고요? 아직 그 까닭은 알려진 바가 없답니다.

253 254 255 256 257 258 259 260 261 262 263 264 265 266 267 268 269 270 271 272 273 274 275 276 277 278 279 280 281 282 283 284 285 286 287 288 289 290 291 292 293 294 295 296 297 298 299 300 301 302 303 304 305

늑대장어

백상아리

인간(호모 사피엔스)

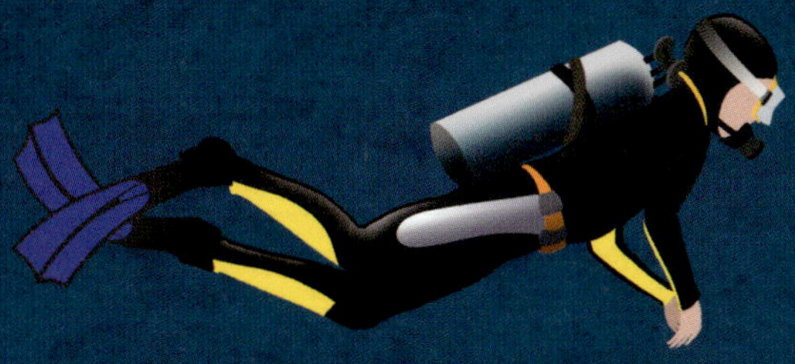

인간은 생물학적으로 확실히 땅 위에서 살아갈 수 있도록 설계되어 있어요. 특히 따뜻한 곳에서요.

그 대신에 기술의 발전으로 우리는 새보다 더 빨리 날고, 다른 물고기보다 더 깊이 심해로 잠수할 수 있게 되었습니다. 물론 모든 사람이 그런 건 아니지만요!

이집트의 스쿠버 다이버인 아메드 가브르는 2014년 9월 28일에 이집트 홍해 바다 다합에서 332.35미터까지 잠수하는 신기록을 세웠습니다. 그는 15분 만에 그가 갈 수 있는 가장 깊은 곳에 도달했어요. 그는 내려가는 데는 별문제가 없었다고 밝혔는데요. 문제는 다시 올라오는 것이었죠!

깊이 잠수했다가 지나치게 빨리 물을 거슬러 위로 올라오면 혈액 속에 녹아 있던 기체가 다시 기화되면서 위험한 공기 방울을 만들어 내기 때문입니다.

아메드 가브르는 이 위험성을 아주 잘 알고 있었고, 바다 표면까지 16시간에 걸쳐 천천히 올라왔답니다!

306
307
308
309
310
311
312
313
314
315
316
317
318
319
320
321
322
323
324
325
326
327
328
329
330
331
332
333
334
335
336
337
338
339
340
341
342
343
344
345
346
347
348
349
350
351
352
353
354
355
356
357
358
극지별상어
무각익족류

359 360 361 362 363 364 365 366 367 368 369 370 371 372 373 374 375 376 377 378 379 380 381 382 383 384 385 386 387 388 389 390 391 392 393 394 395 396 397 398 399 400 401 402 403 404 405 406 407 408 409 410 411

눈다랑어

눈다랑어는 사실 무게가 많이 나가는 다랑어는 아닙니다.
몸뚱이가 참다랑어처럼 날렵한 모습은 아니죠. 오히려 더 둥그스름한 몸을 가졌다고 해야 할 겁니다.
눈다랑어는 긴밀히 연결된 두 가지를 동시에 좋아합니다. 어둠과 신선한 먹이입니다.
어둠은 드넓은 바다 어디에나 있지요. 새벽이 밝아와도 눈다랑어들은 언제나 밤이 펼쳐지는 500미터 깊이의 바닷속까지 잠수해 들어갑니다.
여기에서야 가장 좋아하는 먹이를 찾을 수 있습니다. 작은 물고기, 오징어와 같은 두족류, 보통 크기의 갑각류 등이지요.
해가 질 무렵이면 눈다랑어들은 바다 표면까지 올라옵니다.
왜 수직으로 오르락내리락하냐고요? 엄청난 식욕 때문이지요.
눈다랑어들이 가장 좋아하는 먹이들 또한 해저에서 오래 머문 뒤 배가 고파 표면으로 올라오거든요. 하지만 이 동물들은 자기 먹이를 찾기는커녕 눈다랑어의 뱃속에 들어가기 일쑤입니다.

412
413
414
415
416
417
418
419
420
421
422
423
424
425
426
427
428
429
430
431
432
433
434
435
436
437
438
439
440
441
442
443
444
445
446
454
455
456
457
458
459
460
461
462
463
464

돌고래

개복치
황새치

실러캔스

약 6,500만 년 전, 일부의 경골어류(딱딱한 뼈를 가진 어류)는 바다에서 빠져 나와 육지에 살게 되었습니다.

현재의 육생 척추동물들은 모두 이 경골어류들을 조상으로 삼았다고 볼 수 있어요.

이들은 육지를 향한 모험을 하는 과정에서 멸종한 것으로 알려져 있었습니다.

1938년 12월 23일이 되기 전까지 말이지요. 운명적인 그날, 실러캔스가 발견되었습니다.

실러캔스는 바로 수백만 년 전 이미 멸종되었다고 믿고 있었던 초기 육생 척추동물의 조상 격인 어류였습니다.

현재로서는 살아남은 실러캔스들이 예전에는 땅 위에 두 발을 딛고 살았다는 것은 상상조차 할 수 없는 일입니다.

실러캔스는 해저에서 갑오징어와 오징어, 빛을 내는 발광어 및 작거나 보통 크기의 물고기들을 먹고 삽니다. 몸뚱이가 1.5미터 정도의 길이나 되어 아주 많이 먹는답니다.

571
572
573
574
575
576
577
578
579
580
581
582
583
584
585
586
587
588
589
590
591
592
593
594
595
596
597
598
599
600
601
602
603
604
605
606
607
608
609
610
611
612
613
614
615
616
617
618
619
620
621
622
623

대왕문어

624
625
626
627
628
629
630
631
632
633
634
635
636
637
638
639
640
641
642
643
644
645
646
647
648
649
650
651
652
653
654
655
656
657
658
659
660
661
662
663
664
665
666
667
668
669
670
671
672
673
674
675
676

아귀

작은보호탑해파리

677
678
679
680
681
682
683
684
685
686
687
688
689
690
691
692
693
694
695
696
697
698
699
700
701
702
703
704
705
706
707
708
709
710
711
712
713
714
715
716
717
718
719
720
721
722
723
724
725
726
727
728
729
730

731
732
733
734
735
736
737
738
739
740
741
742
743
744
745
746
747
748
749
750
751
752
753
754
755
767
768
769
770
771
772
773
774
775
776
777
778
779
780
781
782
783
784

대왕고래

플라스틱

1863년, 미국의 화학자 존 웨슬리 하이엇은 완벽한 물질을 만들어 냈습니다.

셀룰로이드, 최초의 플라스틱이죠.

왜 완벽할까요? 가볍고 잘 늘어나며, 열과 전기가 통하지 않고, 공기와 유기물에 노출되어도 상하지 않고 물에 젖어도 끄떡없었으니까요. 무엇보다도 아주, 아주 저렴했습니다. 겨우 100여 년 만에 플라스틱이 지구를 점령해 버렸다는 사실은 우리가 쉽사리 확인할 수 있지요. 여러분이 지닌 물건들을 둘러보세요. 거의 대부분이 전체 혹은 일부분이 플라스틱으로 만들어졌을 겁니다.

하지만 잊지 말아야 할 점이 있죠. 반짝인다고 모두 보석은 아닙니다. 플라스틱은 우리가 소위 말하듯 분해되지 않는 물질입니다. 물건으로써는 훌륭할지 모르겠으나 모든 것이 계속 변화하는 생태계의 입장에서는 아주 나쁜 물질이지요. 이 플라스틱 용기들이 전 세계를 뒤덮었고, 바다조차 그 예외는 아닙니다. 우리가 무언가 하지 않는다면 계속 그렇게 남아 있을 테고요.

현재 플라스틱이 얼마나 지구 표면을 덮고 있을까요? 어마어마합니다. 상상해 보세요. 태평양 한가운데 일곱 번째 대륙이 등장한 것을요. 전체가 쓰레기로 된 엄청난 크기의 섬이 있는 모습을요.

플라스틱은 생분해가 되지 않을 뿐 아니라, 수천 개의 조각으로 쪼개집니다. 이 미세한 조각들은 해양 동물들의 먹이가 되고 모든 생명들은 결국 연결되어 있으므로 육지 생물들에게도 전해집니다. 이렇게 생각해 볼까요. 우리가 문 밖으로 내던진 플라스틱은 다시 우리가 먹는 음식으로 되돌아옵니다. 결국 플라스틱은 점점 팽팽해질 일 밖에 남지 않은, 세상의 목을 죄는 목줄일까요? 우리가 무언가를 당장 하지 않는다면 아마 그럴 겁니다.

플라스틱이 생분해가 되지 않는다는 걸 돌려 말하면, 재사용이 얼마든지 가능하다는 뜻입니다. 우리가 재활용 배출함에 플라스틱을 넣을 때마다 바다에서 플라스틱 하나를 건져내는 것과 마찬가지입니다. 생태계가 다시 숨 쉬도록 할 수 있는 많은 실천 방법들이 있어요. 이 중 한 가지를 제안하고 싶습니다. 목 마를 때마다 집에 있는 수도꼭지를 이용해 보세요. 이렇게 하면 수천 개의 플라스틱 병이 여행을 할 일도, 집으로 올 일도, 강으로 던져질 일도 없지요. 바다로 갈 일도 없고요. 모든 해양 생물들이 여러분에게 고마워할 거예요.

839
840
841
842
843
844
845
846
847
848
849
850
851
852
853
854
855
856
857
858
859
860
861
862
863
864
865
866
867
868
869
870
871
872
873
874
875
876
877
878
879
880
881
882
883
884
885
886
887
888
889
890
891
892

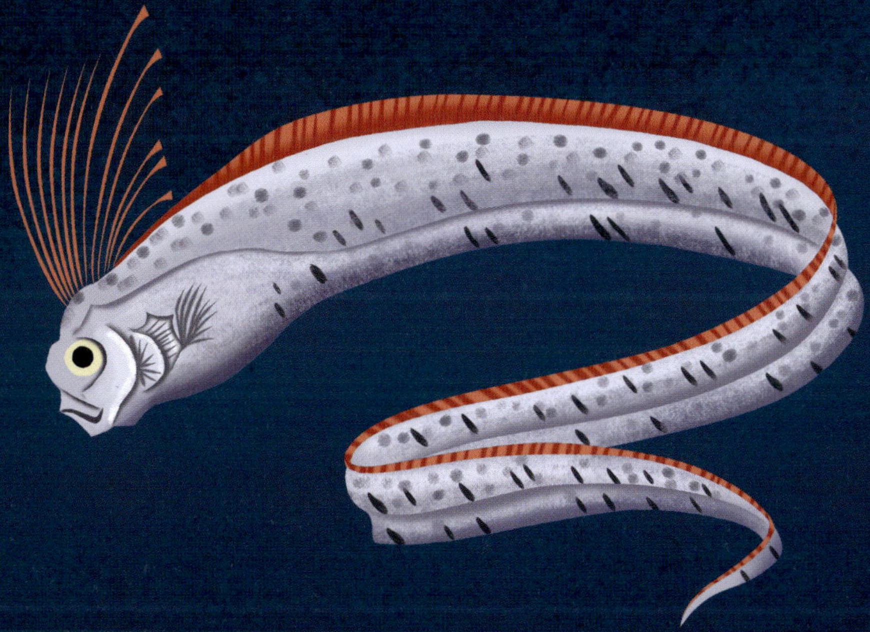

산갈치

바다뱀은 언제나 뱃사람들의 전설 속에 등장했습니다.
하지만 2008년 6월, 이 기묘한 이야기는 실제로 등장한 거대한 '산갈치'의 발견으로 인해 사라지게 됩니다.
산갈치는 실제로 무척 길어서 뱀을 닮았습니다. 길이가 17미터에 달하며 비교적 폭이 좁습니다.
하지만 다른 점이 있지요. 산갈치는 파충류가 아니라 뼈가 있는 물고기입니다.
사실 산갈치는 바다를 통틀어 가장 몸통이 긴 경골어입니다.
전설 속 이야기와 달리, 산갈치는 1,000미터 깊이에 살고 해수면으로 올라오지 않으니 안심할 수 있겠군요.
또한 이 동물은 사납지 않습니다. 이빨도 없거든요. 걱정할 필요가 없는 다른 이유는 무엇일까요? 산갈치는 차가운 바닷물에서 걸러낸 작은 갑각류를 먹고 산답니다.

893
894
895
896
897
898
899
900
901
902
903
904
905
906
907
908
909
910
911
912
913
914
915
916
917
918
919
920
921
922
923
924
925
926
927
928
929
930
935
936
937
938
939
940
941
942
943
944
945
946
흡혈오징어
부리고래

947
948
949
950
951
952
953
954
955
956
957
958
959
960
961
962
963
964
965
966
967
968
969
970
971
972
973
974
975
976
977
978
979
980
981
982
983
984
985
986
987
988
989
990
991
992
993
994
995
996
997
998
999

넓은주둥이상어

헤엄치는 사람들에게서 멀리 떨어진 근해는
상상도 못할 정도로 깊어집니다.

첫 심해층은 점심해수대(batipelagic zone)라고 불리며 그리스어의 '깊다(βαθύς)'라는 단어에서 비롯된 것입니다. 사실, 단어 뜻 그대로입니다. 그 영역은 중심해수대 아래로부터 시작하여 수직으로 4킬로미터나 이어집니다. 다시 말해, 점심해수대는 3킬로미터 아래로 내려가며 이어지는 액체 덩어리라는 뜻이죠. 이 엄청난 양의 물에서 우리가 무엇을 찾을 수 있을까요? 사실상 찾을 수 있는 게 많이 없습니다. 염도가 낮고, 빛은 사실상 거의 들지 않아요. 수온도 4도 정도로 낮으며, 먹이도 찾기 힘듭니다. 무엇보다도 우주처럼 고요합니다.

생물은 있을까요? 이 영역에서는 거의 찾기 힘듭니다. 그럴 수밖에 없는 이유가 있습니다. 먹이나 빛을 비롯해 아무것도 없을 뿐 아니라 100에서 400 대기압에 달하는 수압이 존재하죠. 모든 걸 쓸어내 버리는 거센 물살도요.

그렇다면 점심해수대에서는 도무지 긍정적인 측면이라는 건 없는 걸까요? 그렇지 않습니다. 낮은 수온의 빠른 조류는 산소가 바닷물에 잘 녹도록 합니다. 그래서 생물에게 필수적인 이 기체가 풍부하지요. 이 영역에서 생물들은 적어도 아가미를 사용해 충분히 호흡할 수 있죠. 그렇다면 어떤 생김새를 하고 있을까요?

깊은 이 바다의 생물들은 그들이 사는 환경만큼이나 기묘한 모습을 하고 있습니다. 몸집이 아주 큰 생물들도 있고, 입만 크고 몸집은 작은 생물도 있습니다.

몸집이 큰 경우는 '심해 생물대형화 현상' 때문입니다! 몸집이 크면 효율적으로 체온을 유지할 수 있게 됩니다. 그래서 끝없이 차가운 이 물속에 잠겨 평생을 살 수 있는 것이죠. 심해 생물대형화 현상에는 또 다른 장점이 있습니다. 에너지를 덜 소모하기에 얼마든지 빈둥거릴 수 있어요. 작은 동물들처럼 끊임없이 움직이지 않아도 되는 것이죠.

이제는 보통 크기의 생물들을 살펴 봅시다. 이 생물들은 대부분 얇은 피부와 튼튼한 세포막을 지녔고 무엇보다도 거대한 입이 있습니다. 사실, 점심해수대에서 먹이는 아주 희귀하기 때문에 발견하기만 한다면 어떻게든 먹는 편이 낫습니다. 크기가 크든 작든 말이죠.

그렇다면 이들의 덩치는 어떻게 이렇게 작을 수가 있을까요? 적은 에너지를 소모하는 '심해 생물대형화 현상'과 같은 이유 때문입니다. 이들은 다른 덩치가 큰 생물들과는 다른 전략을 쓰고 있습니다. 사실 작은 생물들은 큰 생물보다는 먹이를 적게 먹지요. 반대로 생각해 보면 체온도 낮다는 뜻이지요. 양쪽 다 장단점이 있지만 육지뿐 아니라 심해에서도 살아남으려면 적당히 타협할 줄 알아야 하죠.

눈 크기만 생각해 보아도, 점심해수대의 동물들의 눈 크기는 모두 다릅니다. 어떤 동물들의 눈 크기는 아주 미세하고 (그래서 거의 시각 능력이 없고) 다른 동물들은 눈이 아주 크죠. 이렇게 다른 이유는 뭘까요? 거대한 눈들은 종종 발광 기관과 상관이 있습니다.

햇살이 점심해수대에 결코 도달하지 못함에도 불구하고 공생 박테리아들이 만들어 내는 빛이 끝없이 이어지는 밤을 밝혀주지요. 이런 빛들이 비교적 어둑하긴 하지만, 그 빛 덕분에 조금이라도 더 잘 보기 위해서 큰 눈을 가지게 된 생물들이 생겨난 것입니다.

하지만 심해에 사는 동물들의 몸 색깔은 대체로 비슷한 편입니다. 점심해수대의 패션은 역시나 화려하지 않습니다. 기기묘묘한 독특한 색은 아주 드물고, 주로 회색빛의 어두운 색들이 대세죠. 사실, 이 생물들의 패션은 몸을 아름답게 꾸며주는 역할을 하지 않아요. 포식자도 먹이가 되는 생물들도 그저 환경 속에 잘 스며들길 바랄 뿐입니다. 포식자들은 효율적으로 잠복해 있으려고 하는 것이고, 먹이가 되는 생물들은 다른 생물에게 잡아먹히지 않으려고 하는 것이죠.

1000
1010
1020
1030
1040
1050
1060
1070
1080
1090
1100
1110
1120
1130
1140
1150
1160
1170
1180
1190
1200
1210
1220
1230
1240
1250
1260
1270
1280

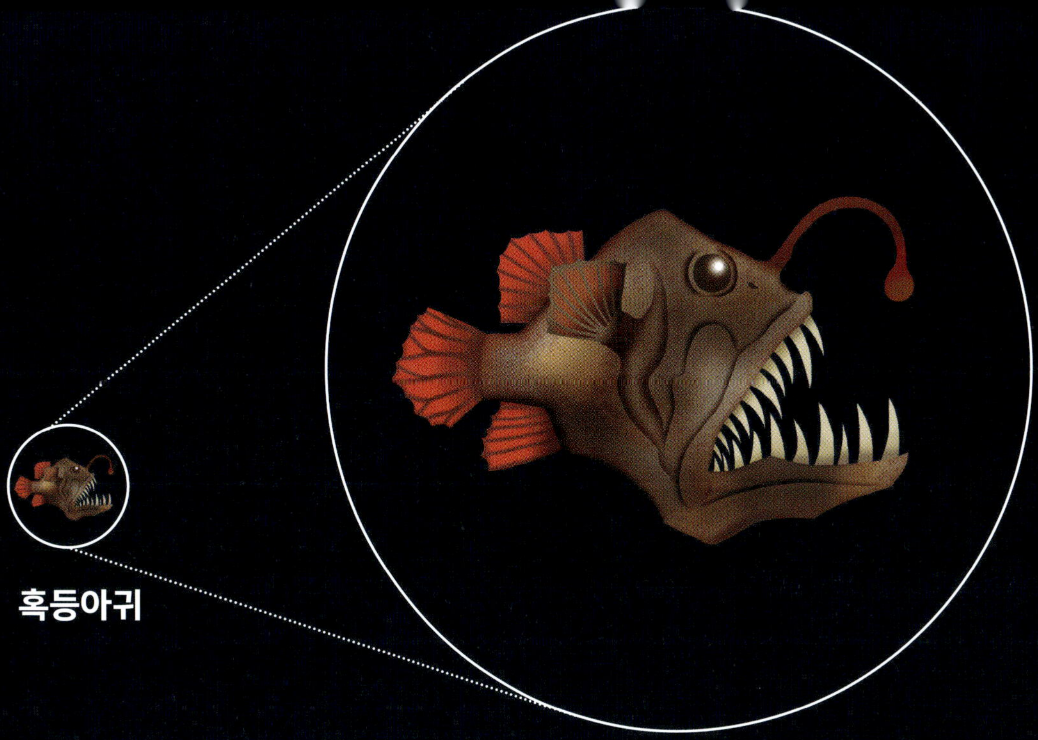

혹등아귀

외뿔고래

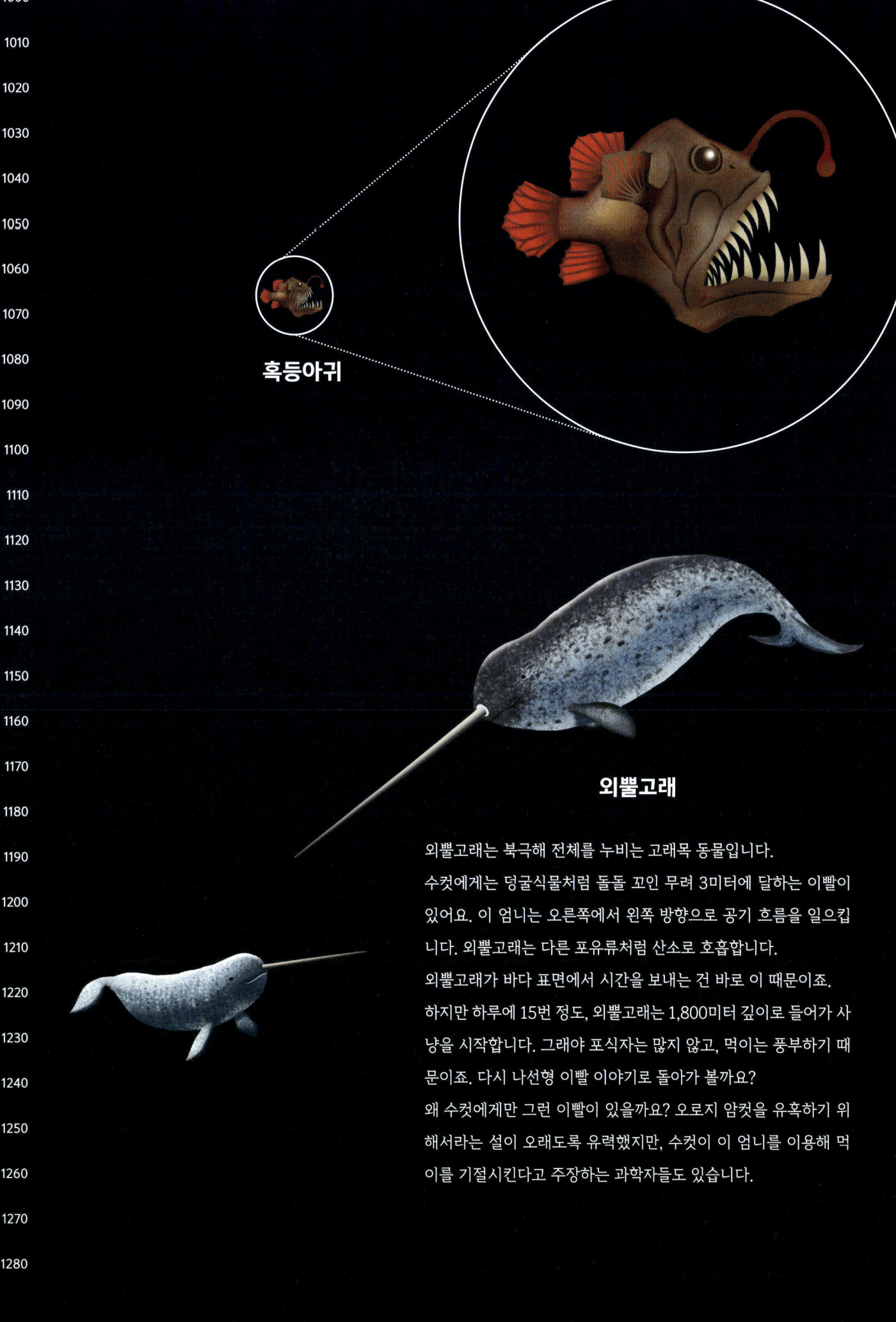

외뿔고래는 북극해 전체를 누비는 고래목 동물입니다.
수컷에게는 덩굴식물처럼 돌돌 꼬인 무려 3미터에 달하는 이빨이 있어요. 이 엄니는 오른쪽에서 왼쪽 방향으로 공기 흐름을 일으킵니다. 외뿔고래는 다른 포유류처럼 산소로 호흡합니다.
외뿔고래가 바다 표면에서 시간을 보내는 건 바로 이 때문이죠.
하지만 하루에 15번 정도, 외뿔고래는 1,800미터 깊이로 들어가 사냥을 시작합니다. 그래야 포식자는 많지 않고, 먹이는 풍부하기 때문이죠. 다시 나선형 이빨 이야기로 돌아가 볼까요?
왜 수컷에게만 그런 이빨이 있을까요? 오로지 암컷을 유혹하기 위해서라는 설이 오래도록 유력했지만, 수컷이 이 엄니를 이용해 먹이를 기절시킨다고 주장하는 과학자들도 있습니다.

대왕오징어

1925년, 범고래의 뱃속에서 거대한 동물의 가죽 같은 주둥이가 발견되었습니다. 혹시 바다 괴물은 아니었을까요? 물론 아니었습니다. 길이는 15미터, 무게는 700킬로그램에 달하는 남극하트지느러미오징어(콜로살 오징어, 대왕오징어의 한 종류)의 일부분이었지요. 그래서 이 연체동물은 '세계에서 가장 큰 무척추동물'이라는 별명을 얻게 되었죠. 하지만 기록은 여기서 그치지 않습니다. 동물계 전체를 통틀어 가장 크기가 큰 눈을 가졌어요. 축구공 두 개 만합니다. 대왕오징어의 눈 크기는 여전히 세계 최고입니다. 남극하트지느러미오징어의 몸은 염화암모늄이라는 물질로 채워져 있는데, 전문가들에 따르면 역겨운 맛이 난다고 합니다. 남극하트지느러미오징어는 혐오스러운 맛의 세계 챔피언이라고도 할 수 있겠네요.

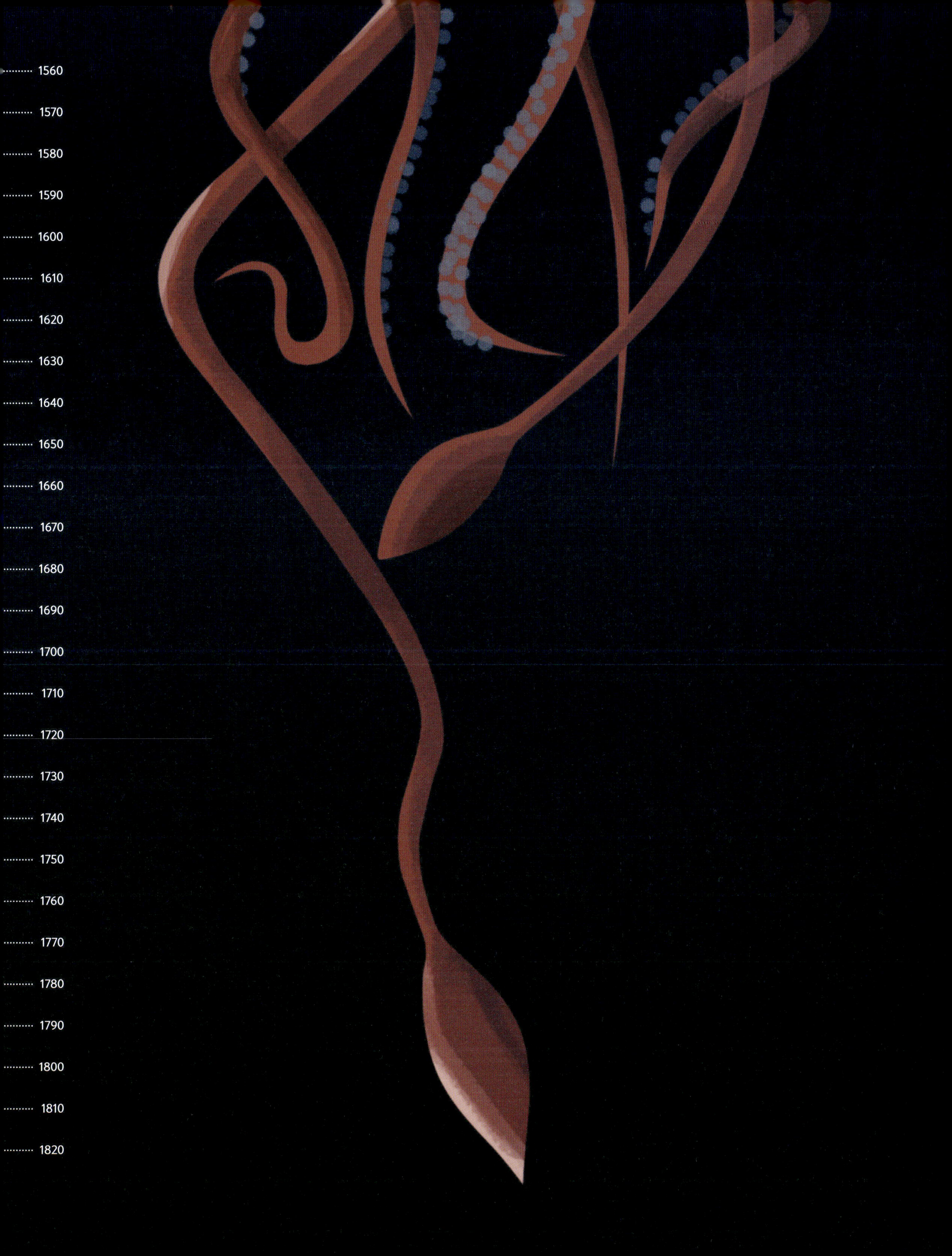
1560
1570
1580
1590
1600
1610
1620
1630
1640
1650
1660
1670
1680
1690
1700
1710
1720
1730
1740
1750
1760
1770
1780
1790
1800
1810
1820

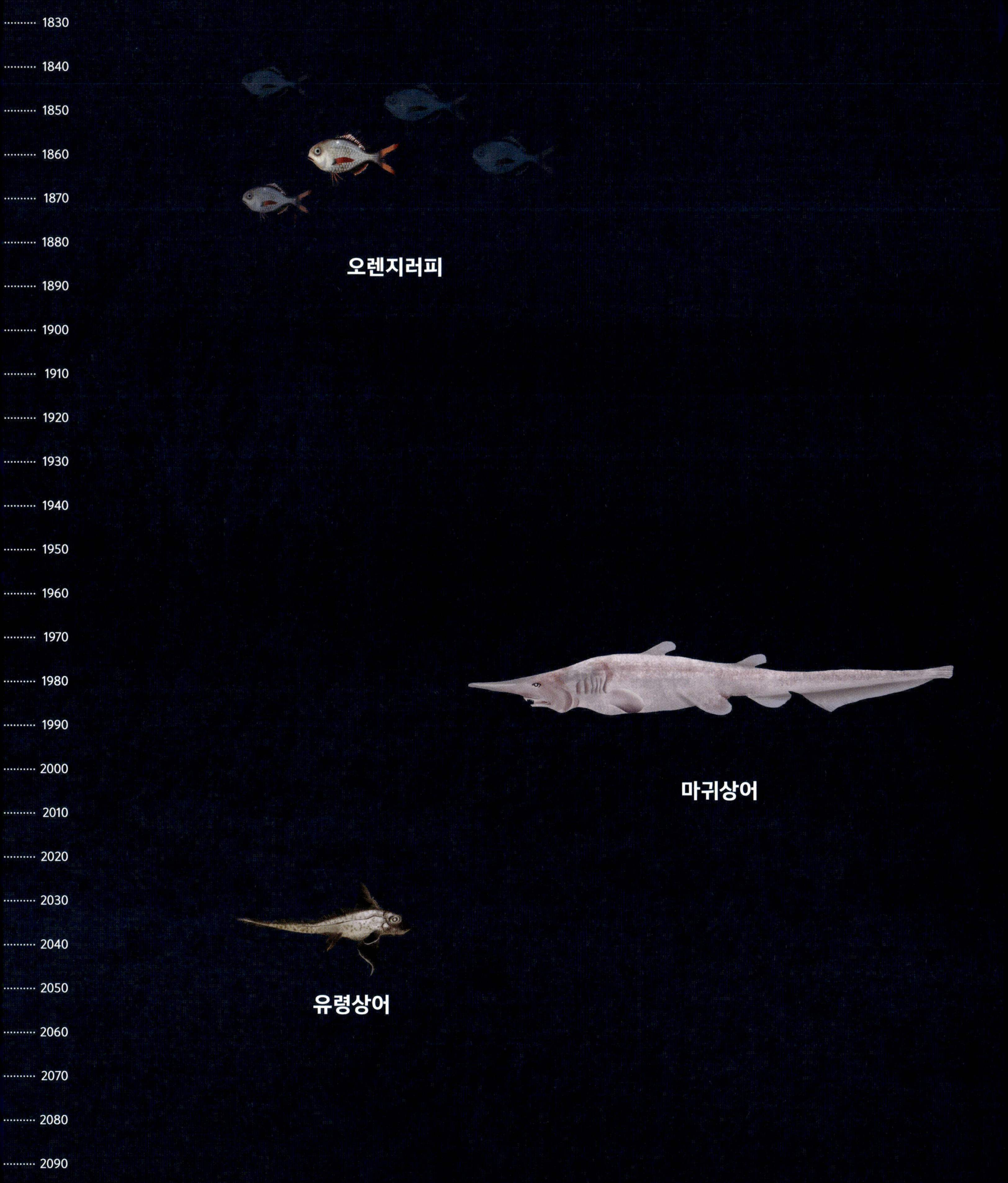

1830
1840
1850
1860
1870
1880
오렌지러피
1890
1900
1910
1920
1930
1940
1950
1960
1970
1980
1990
2000
마귀상어
2010
2020
2030
2040
2050
유령상어
2060
2070
2080
2090

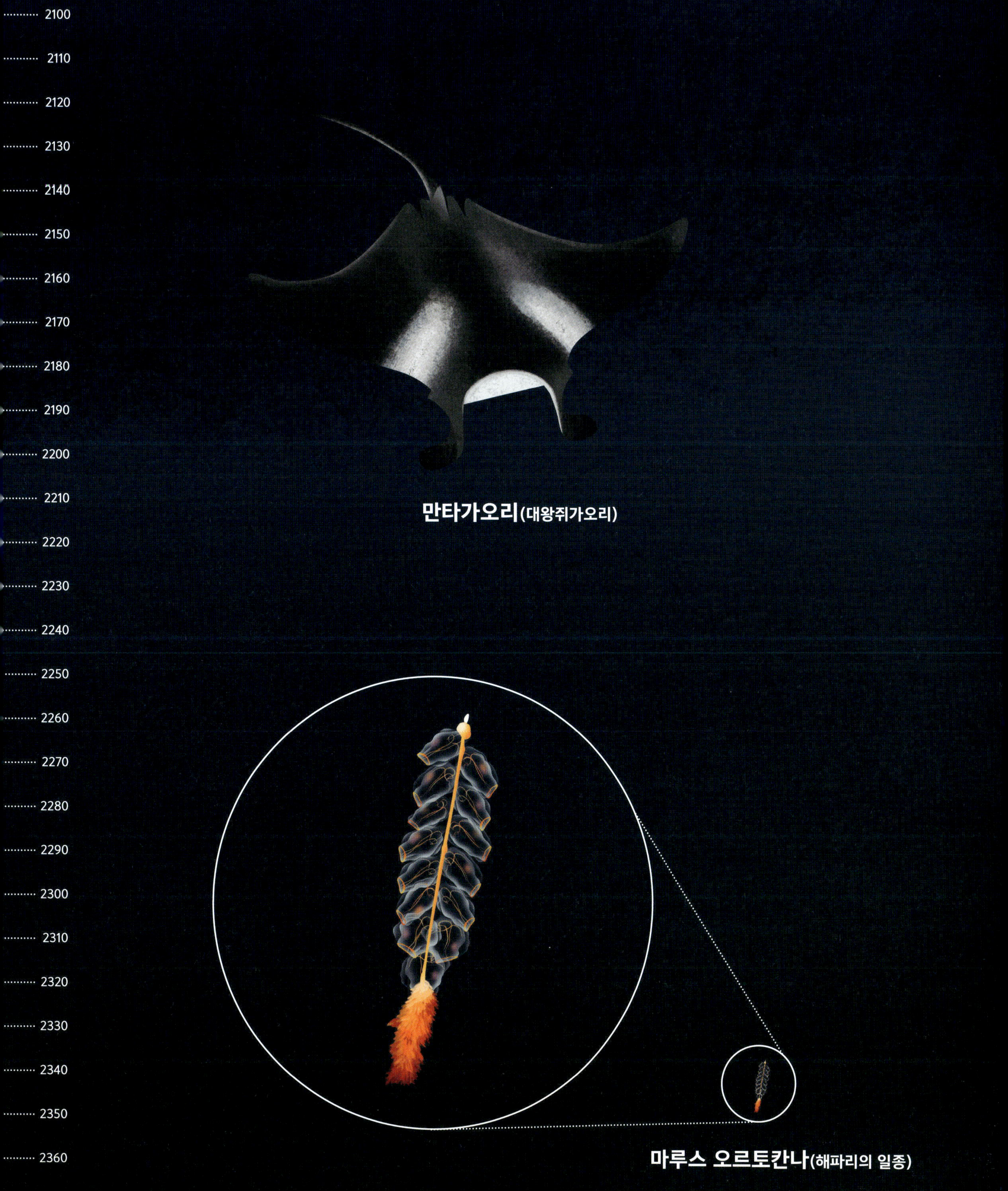
2100
2110
2120
2130
2140
2150
2160
2170
2180
2190
2200
2210
2220
2230
2240
2250
2260
2270
2280
2290
2300
2310
2320
2330
2340
2350
2360
만타가오리(대왕쥐가오리)
마루스 오르토칸나(해파리의 일종)

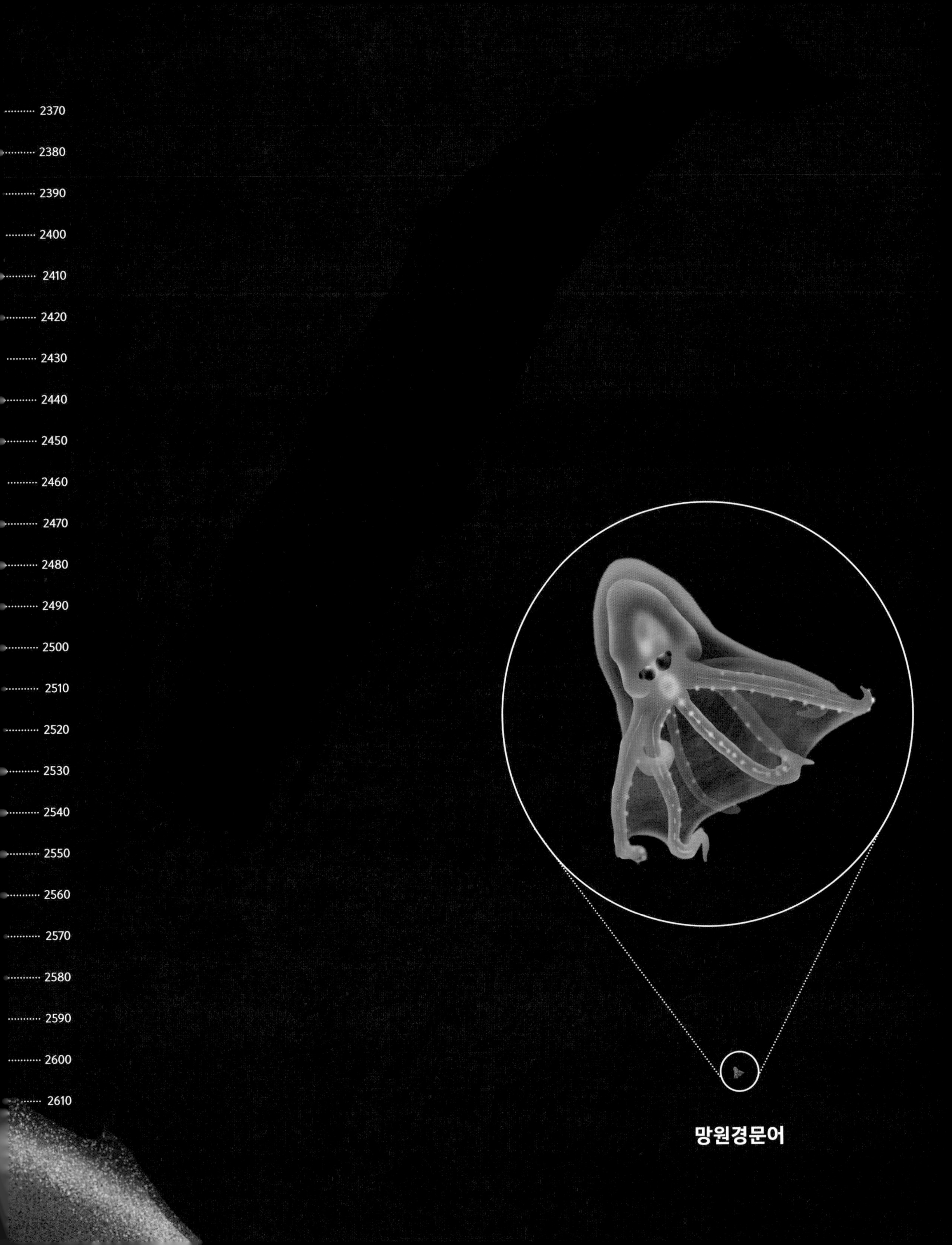
2370
2380
2390
2400
2410
2420
2430
2440
2450
2460
2470
2480
2490
2500
2510
2520
2530
2540
2550
2560
2570
2580
2590
2600
2610
망원경문어

2680
2690
2700
2710
2720
2730
2740
2750
2760
2770
2780
2790
2800
2810
2820
2830
2840
2850
2860
2870
2880
2890
2900

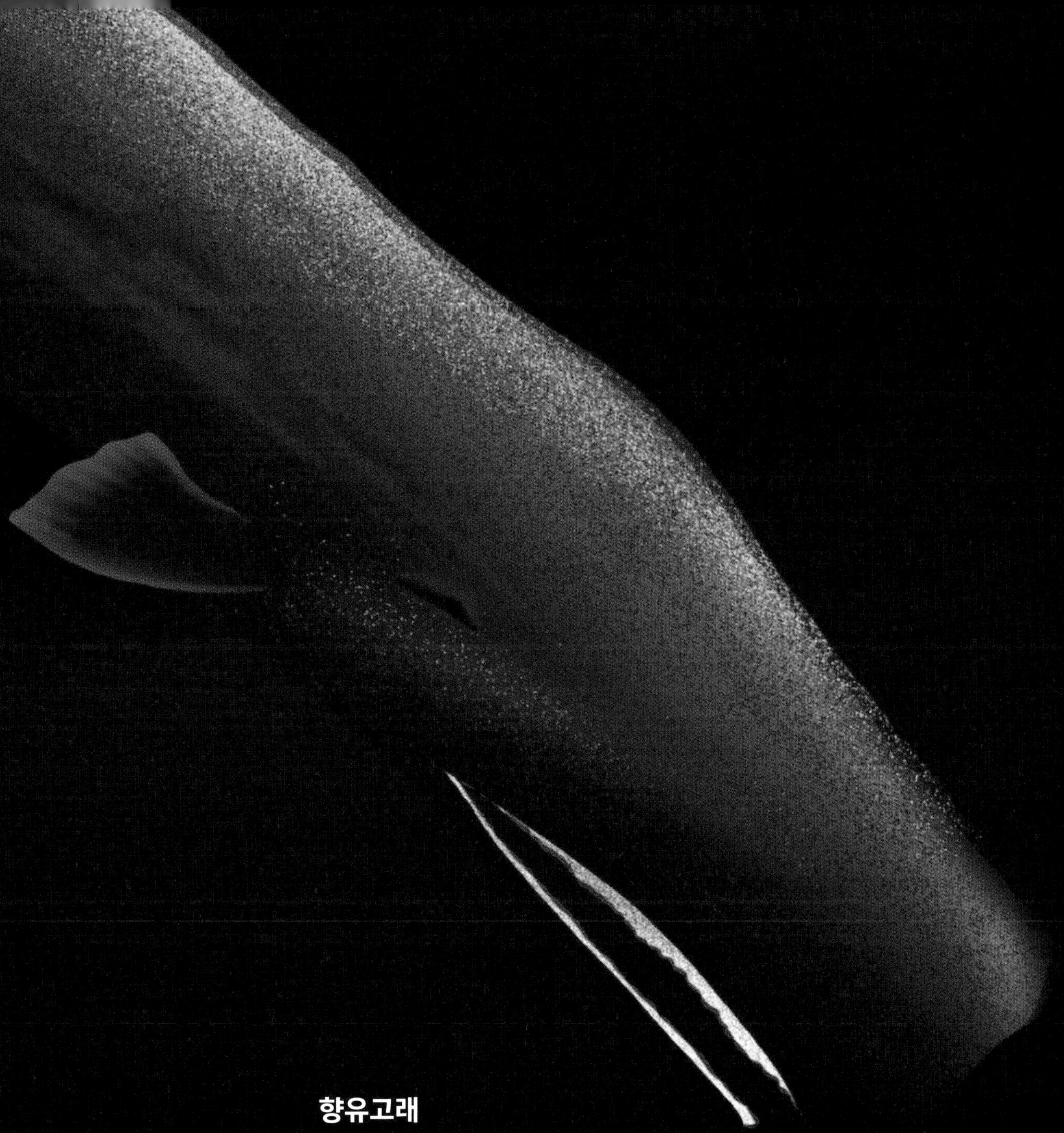

향유고래

향유고래는 머리가 거의 몸 전체의 삼분의 일을 차지하는 거대한 고래입니다. 향유고래의 뇌는 비슷한 몸통을 가진 동물들에 비해 굉장히 작고, '향유기름'이라고도 불렸던 왁스와 같은 물질을 풍부하게 품고 있어요. 이 특별한 기름이 있어서 향유고래는 점심해수대의 깊은 해저까지 잠수하고도 쉽사리 위로 올라올 수 있죠. 1700년과 1800년 사이, 향유기름은 한때 도시의 초롱불을 밝히는 기름으로 사용되기도 했었습니다. 태웠을 때 그을음도 불쾌한 냄새도 나지 않았기 때문입니다.

물론 단점이 있었죠. 이 기름을 얻으려면 바다 한가운데로 들어가야 하는 데다가 50톤이 넘는 이 동물을 사로잡아서 기름을 빼낸 후에 집에 돌아오면 몇 년이 걸린다는 점이었습니다.

2910
2920
2930
2940
2950
2960
2970
2980
2990
3000
3010
3020
3030
3040
3050
3060
3070
3080
3090
3100
3110
3120
3130
3140
3150
3160
3170

키아스모돈

키아스모돈은 최대 25센티미터의 크기로 비교적 작은 동물이지만, 그 식성만큼은 어마어마합니다. 위장과 복부가 잘 부풀어올라, 키아스모돈은 자기 몸보다 두 배 이상 길고, 열 배 이상 덩치가 큰 동물들도 거뜬히 집어삼킵니다. 그래서 종종 문제가 생기기도 하지요. 심해에 사는 이 동물은 지나치게 큰 동물을 삼키기도 합니다. 엄청난 먹이를 위장이 소화해내지 못하면 몸속에서 썩기 시작합니다. 이런 일이 생기면 키아스모돈의 운명은 정해지고 맙니다. 머지않아 죽음을 맞이하게 되지요.

좋은 측면도 있어요. (물론 키아스모돈에겐 아니지만요.)

시체가 썩으며 생겨나는 가스가 키아스모돈을 바다 표면 위로 밀어 올리는 역할을 합니다. 덕분에 해저 바닥에 사는 키아스모돈을 우리가 발견하게 된 것이니까요.

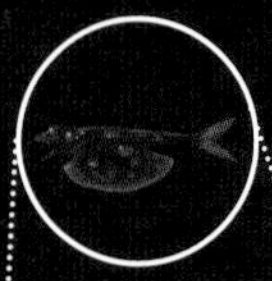

3180

3190

3200

3210

3220

3230

3240

3250

3260

3270

3280

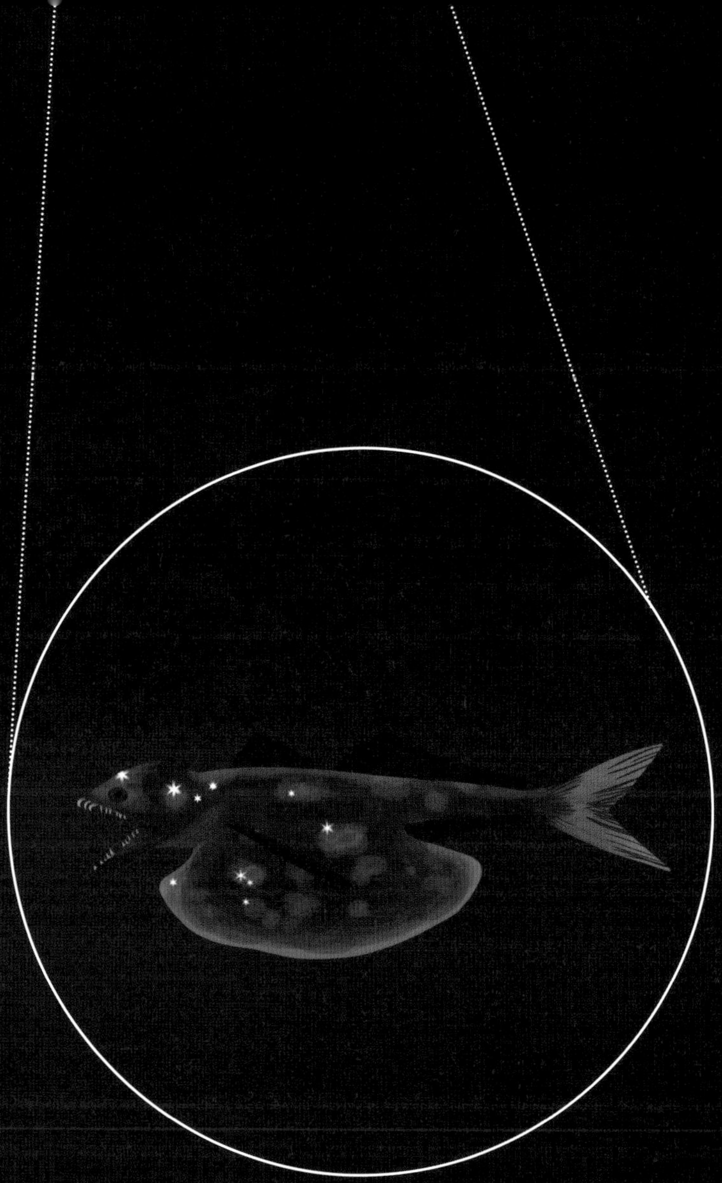

3290

3300

3310

3320

3330

3340

3350

3360

3370

3380

3390

3400

3410

3420

3430

3440

3450
3460
3470
3480
3490
3500
3510
3520
3530
3540
3550
3560
3570
3580
3590
3600
3610
3620
3630
3640
3650
3660
3670
3680
3690
3700
3710
3720

바이퍼피시

바이퍼피시는 표면으로 거뜬히 올라올 수 있음에도 밤까지도 해저 바닥에 삽니다. 몸 길이가 최대 25센티미터 정도 되는 이 물고기는 훌륭한 낚시꾼입니다. 등지느러미에서 연결되어 나오는 길쭉한 막대 모양의 끝에 빛을 내는 박테리아들이 삽니다.

바이퍼피시는 이 '빛나는 낚싯대'로 먹이들을 유혹하고, 거대한 이빨로 먹이들을 다치게 한 뒤 집어삼키죠. 이빨에 대해 자세히 말해 봅시다. 이빨은 몸 크기에 비해 지나치게 커서 입을 다물기도 어렵습니다. 그래서 늘상 턱이 열려 있는 것이죠.

바이퍼피시는 육지 파충류의 송곳니를 닮은 이빨이 있어 '독사(바이퍼)'라고 불립니다.

닮은 점도 있지만 다른 점도 발견되지요.

육지에 사는 독사와 달리 바이퍼피시의 송곳니는 길게 뻗어 나오지 않으며, 독도 품고 있지 않아요.

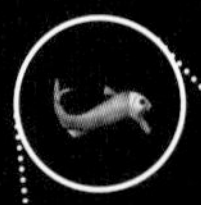

3730
3740
3750
3760
3770
3780
3790
3800
3810
3820
3830
3840
3850
3860
3870
3880
3890
3900
3910
3920
3930
3940
3950
3960
3970
3980
3990

심해저대
(4,000~6,000미터)

'abyss(심연)'은 그리스어에서 온 단어로 '바닥이 없음'을 의미합니다.
이 해수대를 표현하는 말로 아주 적당해 보여요.
심해저대에서 바다는 정말 바닥도 없이 2킬로미터나 하염없이 내려갑니다.
어둠과 침묵만 칠해진 수직의 벽이라고나 할까요.

이 해수대는 너무도 깊으며, 인간이 닿을 수도 없는 곳입니다. 예를 들어보죠. 우리 대기보다 더 위에 있는 우주에 가 본 사람이 반쯤 감춰져 있는 바다에 가 본 사람보다 많을 거예요. 이 바다 장벽의 환경은 무척 가혹합니다. 수압은 엄청나고, 온도는 3도를 넘지 않으며, 어둠은 절대적이죠. 먹이는 매우 드물고 여기서는 물살조차 아주 거칩니다.

그럼에도 불구하고 생명들은 이런 캄캄한 곳에서도 승리합니다. 과학자들이 관찰 장치를 내려보낼 때마다 최소 한 종 이상의 생물을 발견하고 있으니까요.

이런 환경에서 어떻게 생물들은 살아남는 걸까요? 점심해수대에 사는 생물들과 비교적 비슷합니다. 여기에서도 우리는 이런 동물들을 볼 수 있어요. 바로, 적은 먹이로도 살아남고, 피부가 얇으며 밤처럼 어두운 몸 색깔에다 소화를 제한하기 위한 적당한 몸 크기를 가진 동물들이죠.

이 해수대의 동물들은 거의 움직이지 않습니다. 심해에서는 조그마한 에너지도 낭비해서는 안 되거든요.

하지만 이런 경우도 있죠. 끝없는 밤만 존재하는 심해저대에도 좋은 소식이 간혹 있습니다. 해양의 바닥이 쪼개져 중심부로부터 흘러나오는 열이 바닷물로 전해질 때입니다. 바다 밑바닥 길게 갈라진 틈 근처가 수온이 높고 박테리아가 풍부한 것은 이 때문입니다. 이 미생물들은 해저 화산으로부터 흘러나오는 황과 같은 물질로부터 먹이를 합성해 낼 수 있습니다. 이렇게 해저의 먹이사슬이 시작되는 것입니다.

달리 말하면, 이 영역의 먹이는 해수면으로부터 내려오기만 하는 것이 아니라, 지구의 가장 깊은 곳으로부터 나오는 에너지를 통해 제공되기도 한다는 것이죠. 지금부터는 아주 밝은 손전등으로 밤의 어둠을 쫓아내고 별난 생물들을 만나러 가봅시다.

4000
4010
4020
4030
4040
4050
4060
4070
4080
4090
4100
4110
4120
4130
4140
4150
4160
4170
4180
4190
4200
4210
4220
4230
4240

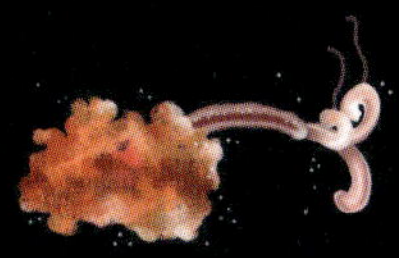

좀비벌레

심해의 바닥에는 좀비벌레의 왕국이 있습니다.
이름과는 달리, 이 벌레들은 우리가 생각하는 좀비의 생김새와는 거리가 있습니다. 대신 바닷물에 이리저리 흔들리는 작은 고사리처럼 보입니다. 이 벌레의 으스스한 이름은 가장 좋아하는 먹이 때문입니다. 바로 뼈죠.
좀비벌레는 사실 다양한 뼈를 먹고 사는데요. 주로 고래 뼈를 즐겨 먹습니다. 이빨이나 위장, 심지어 입이 없는데도 딱딱한 뼈를 잘 소화해 냅니다.
뼈는 좀비벌레와 공생하는 박테리아가 분해해 줍니다.
이 미생물은 뼈를 분해할 수 있는 물질을 분비해서
이 매혹적인 좀비벌레들이 영양분을 흡수할 수 있도록 합니다.

4250
4260
4270
4280
4290
4300
4310
4320
4330
4340
4350
4360
4370
4380
4390
4400
4410
4420
4430
4440
4450
4460
4470
4480
4490

4500
4510
4520
4530
4540
4550
4560
4570
4580
4590
4600
4610
4620
4630
4640
4650
4660
4670
4680
4690
4700
4710
4720
4730
4740

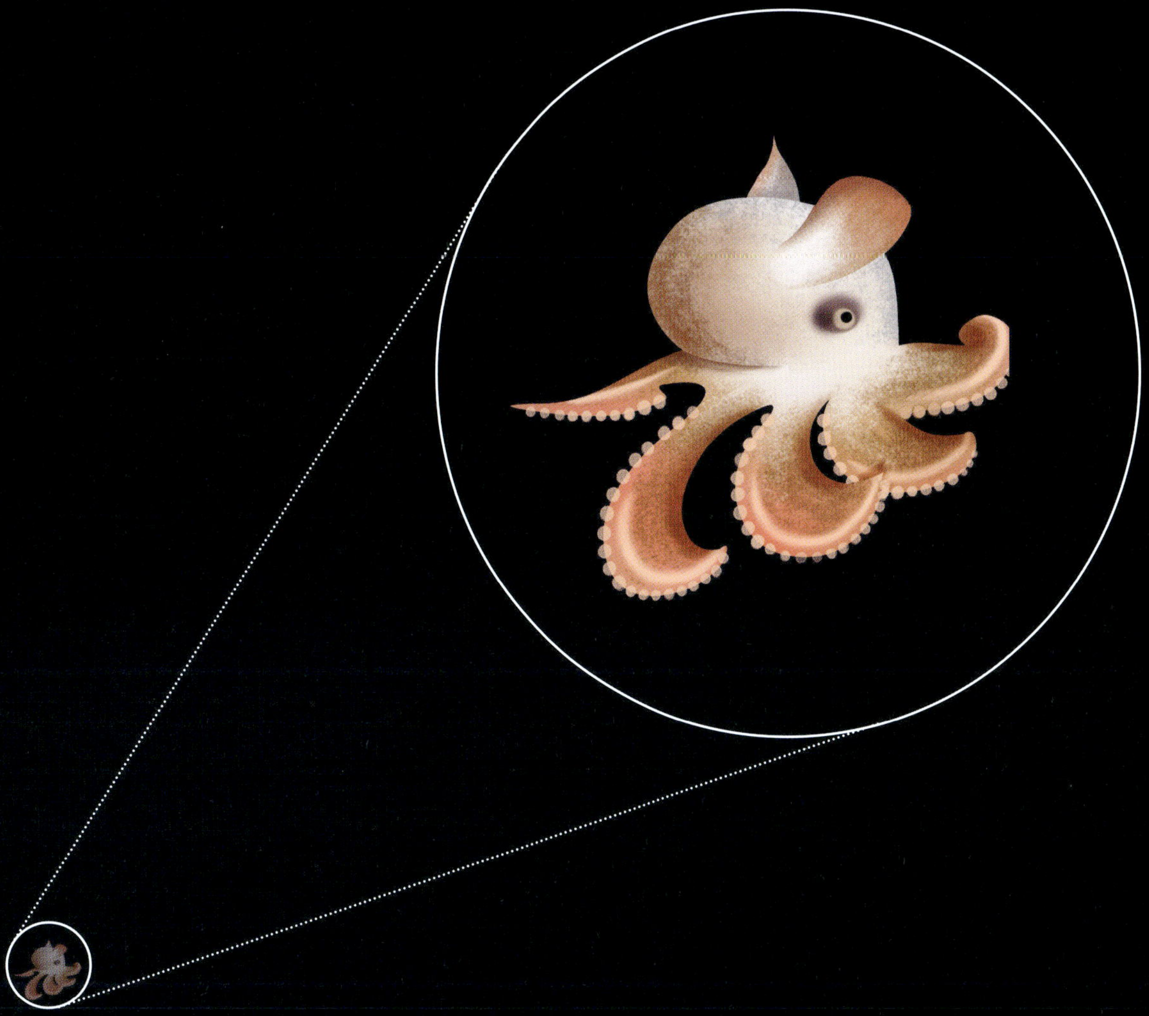

덤보문어

덤보문어는 너무나 사랑스러운 외모를 지녔습니다.
20센티미터 가량의 길이에, 투명한 흰색이며 몸통에 귀 모양의 돌기 두 개가 붙어 있습니다.
그래서 이 조그마한 연체동물이 디즈니 만화의 코끼리처럼 물살을 가르며 '나는' 듯이 보인답니다.
덤보문어는 닥치는 대로 먹습니다. 작은 물고기부터 바다의 상층부에 있는 영양분들까지요.
이 무척추동물은 큰 귀는 물론이고, 콩 모양의 커다란 두 눈도 있습니다.
발광 박테리아 덕분에 영원한 밤을 헤쳐 나갈 수 있는 일부 포식자들도 덤보문어의 눈과 귀를 보면 겁에 질려 꽁무니를 빼기도 한다고 합니다. (적어도 일부 해양 생물학자들은 그렇게 생각합니다.)

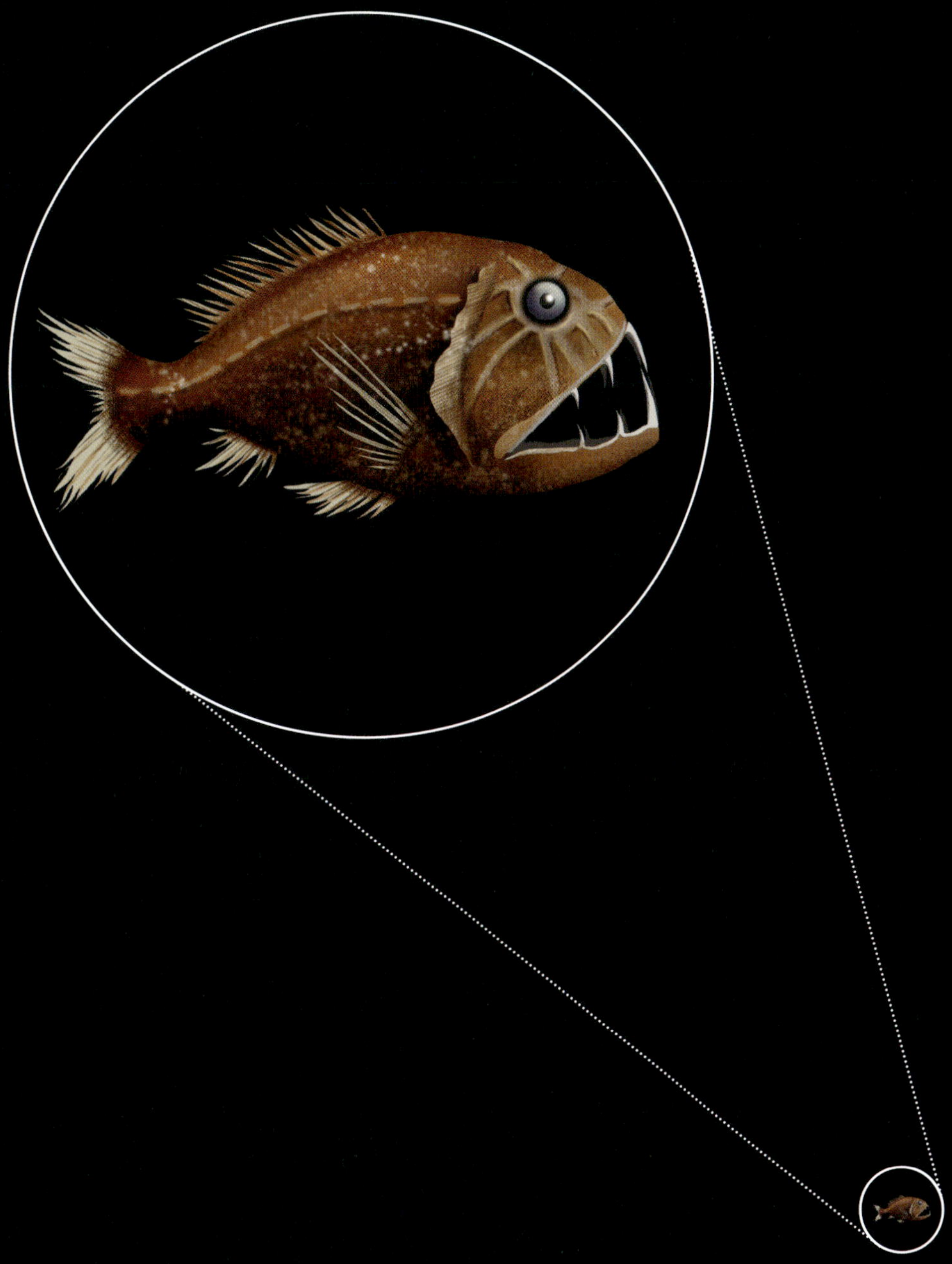

귀신고기

이 무시무시한 생김새의 물고기는 15센티미터 가량의 비교적 작은 몸에 비해 엄청난 크기의 이빨을 지녔습니다. 턱(입 뒤쪽)에 달린 송곳니들은 너무나도 커서 따로 담을 주머니가 필요할 정도입니다. 이빨 주머니가 있기에 귀신고기가 입을 닫아도 뇌가 찔리지 않을 수 있는 것이죠.

귀신고기는 이런 독특한 신체 구조를 어떻게 사용할까요? 어릴 땐 사용할 일이 없어요. 사실, 어린 귀신고기는 아주 조그마한 새우를 먹으며 통째로 소화를 해버리기 때문입니다. 귀신고기가 점점 자랄수록 이 송곳니는 심해의 밤을 어슬렁거리는 먹이를 뚫어 버리는 죽음의 무기가 되는 셈입니다.

5000

5010

5020

5030

5040

5050

5060

5070

5080

5090

5100

5110

5120

5130

5140

5150

5160

5170

5180

5190

5200

5210

5220

5230

5240

5250

5260

5270

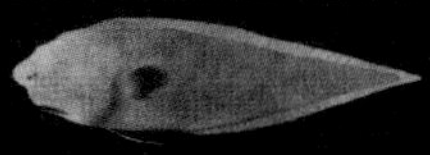

5280

5290

5300

얼굴 없는 광대(타이필로너스 나서스)

5310

1872년, 인도양을 누비던 HMS 챌린저 영국 과학자들은 인도양의 해저에서부터 아주 독특한 물고기 한 마리를 물 위로 데려왔습니다. 얼굴이 없었거든요.

‘얼굴 없는 광대’라는 이름을 뒤늦게 얻은 이 물고기는 눈이 없습니다. 사실, 끝없는 어둠 속에 잠겨 살면 눈은 아무 소용이 없지요. 반면에 이 심해어는 후각이 아주 뛰어납니다. 입 위쪽에 커다란 자외선 감지 콧구멍 두 개가 있어요. 이 콧구멍이 물속에서 끊임없이 먹이를 찾게 해 주고 동시에 포식자가 오지 않는지 망을 보는 보초가 되기도 하는 것이죠.

5320

5330

5340

5350

5360

5370

5380

5390

5400

5410

5420

5430

5440

5450

5460

5470

5480

5490

5500

5510

5520

5530

5540

5550

5560

5570

5580

5590

5600

5610

5620

해저에 와 본 사람보다

달에 간 사람이 더 많습니다.

5630

5640

5650

5660

5670

5680

5690

5700

5710

5720

5730

5740

5750
5760
5770
5780
5790
5800
5810
5820
5830
5840
5850
5860
5870
5880
5890
5900
5910
5920
5930
5940
5950
5960
5970
5980
5990
6000

아톨라해파리

해파리는 조류의 흐름에 몸을 맡겨 이쪽 바다에서 저쪽 바다로 이동하는 아주 오래전부터 있어 왔던 동물입니다.

사실, 위험에 처하면 아주 느리긴 하지만 스스로 움직이기도 하지요.

해파리는 주로 해수면 쪽에 살지만 심해저대를 더 좋아하는 해파리가 있습니다. 바로 아톨라해파리죠.

이 동물은 자신의 생물 발광 기관을 써서 바다를 환히 비춥니다.

이 빛으로 작은 먹이들을 유혹하기도 하지만 이게 전부는 아닙니다. 이 광선은 너무도 공평하여 포식자들마저 다가오게 만들지요.

일부 과학자들의 주장에 따르면, 이런 경우 아톨라해파리는 빛을 강하게 쏘아서 자신을 잡아먹는 포식자를 먹이로 삼는 더 큰 물고기를 오게 만든다는군요.

초심해저대

(6,000 ~ 10,920미터)

시간의 신인 크로노스에게는 세 아들이 있었습니다.
제우스, 포세이돈 그리고 하데스였죠.
아버지가 죽자, 삼형제는 세상을 셋으로 나누었습니다.
제우스는 하늘과 땅을, 포세이돈은 바다를, 하데스는 보이지 않는 지옥을 차지했습니다.

지구에서 가장 깊고, 가장 어둡고, 가장 추운 곳을 보이지 않는 자를 상징하는 그리스 신의 이름을 따 와서 붙인 것은 아주 자연스러운 일 같습니다.

하데스는 사실, '보이지 않는'다는 뜻이며, 실제로 이 해저대까지 내려가 본 사람은 거의 없죠. 딱 세 명입니다. 그중 한 명은 해수면에서부터 무려 1만 1,000미터 아래에 있는 깊은 골짜기인 마리아나 해구에 도달했던 사람입니다. 헐리우드의 유명한 영화 감독 제임스 카메론이지요. 그들을 미지의 세계 속으로 계속 나아가게 하는 힘은 바로 호기심이었을 겁니다. 달에 착륙한 사람은 여태 11명입니다.

이제 달 대신 육지를 생각해 볼까요, 아니면 바다는 어떨까요? 초심해저대의 신비는 풀리지 않고 있는데요. 여러 이유가 있습니다. 초심해저대의 환경은 점심해수대와 비슷하지만, 조금 더 혹독합니다. 물의 밀도도 수압도 더 높으며 먹이가 존재할 확률은 아주 낮습니다. 하지만 이런 지옥과도 같은 바다에도 생명은 살아 숨 쉬고 자신의 영역을 넓혀 가죠. 어떤 과학자들은 이런 혹독한 환경의 초심해저대에도 생물이 사는 것을 보면 태양계의 다른 행성에도 생명이 있을 가능성이 높다고 말합니다. 이 과학자들은 이런 환경에 사는 생명체는 쉽사리 변화하므로, 화성과 금성과 같은 극한의 환경에도 적응할 수 있다고 주장해요. 이 과학자들의 말이 맞을까요? 몇 년 후면 밝혀내게 될지도 모릅니다.

이제, 외계인을 닮은 생물들이 있는 초심해저대로 깊숙이 들어가 봅시다. 하지만 조심해야 합니다. 이 수직으로 길게 뻗은 구간의 바다로 들어가는 게 어려운 건 단지 깊어서 뿐만이 아니거든요. 초심해저대를 발견할 수 있는 곳은 많지 않아요! 7,000미터보다 깊은 바다는 지구상에 오로지 16군데만 있을 뿐입니다. 실제로 바다의 밑바닥은 평균적으로 해수면으로부터 3,800미터 아래에 있다고들 말합니다. 가장 깊다고 전해지는 곳은 태평양의 일본과 필리핀, 뉴기니 사이에 위치한 협곡과 같은 공간인 마리아나 해구입니다. 이 해구가 얼마나 깊냐고요? 이런 그림을 한번 떠올려 보죠. 에베레스트산(해발 8,848미터로 지구상에서 가장 높은)이 마리아나 해구 안에 있고, 우리가 그 위에 올라선다면 우리는 해수면까지 무려 2킬로미터나 더 헤엄쳐서 올라와야 한답니다.

그러나 이 지옥 같은 곳에 보이지 않는 그리스의 신 하데스만 사는 건 아니죠. 하데스와 함께 머무는 많은 생물들이 있습니다. 살펴볼 준비가 되셨나요?

6100

6200

6300

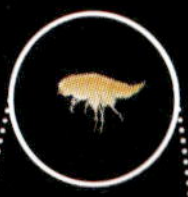

알루미늄 새우(히론델가 기가스)

심해의 바닷물은 무척 강한 산성을 띠며 수압 또한 엄청나게 높기에 갑각류의 딱딱한 외골격 껍질이 부서져 버릴 수밖에 없어요. 그러나 몇 년 전, 마리아나 해구의 가장 밑바닥에서 새우 한 마리가 발견되었습니다.

물론 범상치 않은 새우죠! 이 갑각류는 탄산칼슘(갑각류의 껍질을 구성하는 물질) 대신 알루미늄을 몸에 지님으로써 초심해저대의 한계를 성공적으로 이겨냈어요.

알루미늄은 바닷물에 녹아 있던 것이며, 그래서 몸 색깔이 은색을 띠는 거랍니다. 금속빛을 띤 2.5센티미터 크기의 깡통을 닮은 이 새우가 좋아하는 일이 있지요.

해수면으로부터 영양분을 품은 유기물이 슬금슬금 내려오기만을 기다리는 일입니다.

6400

6500

6600

6700

6800

6900

7000

7100

7200

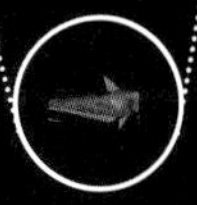

쥐꼬리물고기

7300

쥐꼬리물고기는 해구의 바닥이라는 만만치 않은 곳에 살긴 하지만 생활 자체는 평범해 보입니다. 이 물고기는 넓적한 주둥이로 해저 바닥을 훑으며 먹이를 찾습니다.

쥐꼬리물고기의 행동이 킁킁대며 먹이를 찾는 돼지와 닮았다면, 생김새는 쥐를 닮았습니다. 꼬리는 길고 가늘며, 꼬리 지느러미는 없습니다. 그렇다면 쥐꼬리물고기에게도 특별한 점이 있을까요? 말하기가 쉽지는 않은데요. 그들의 서식지에 인간이 도달하기 어렵기 때문에 쥐꼬리물고기에 대해 알려진 점도 거의 없습니다.

엄청난 수압을 어떻게 버티는지, 또 끝없는 추위가 영원한 밤 속에서 어떻게 사는지는 아무도 모른답니다.

7400

마리아나 스네일피시(프세우돌리파리스 스위레이)

2017년 5월 14일, 자외선 카메라 한 대가 페루 바다에 위치한 아타카마 해구 깊숙이 8,076미터를 내려갔습니다. 이 장치는 훗날 마리아나 스네일피시라는 이름이 붙은 투명한 물고기를 촬영합니다. 이 물고기가 몸에 지닌 특수한 물질이 심해의 고압을 견딜 수 있게 해 주며 초심해저대의 절대적 어둠에 적응하기 위해 몸 빛깔 또한 투명한 것이죠.

이 신비스러운 물고기에 대해 과학자들이 더 알아낸 것이 있을까요?

네, 두 가지 더 있습니다. 첫째는 마리아나 스네일피시가 미끼로 카메라에 붙여 놓은 물고기를 무척이나 좋아했다는 점입니다. 둘째는 마리아나 스네일피시가 물속 지옥에 사는 것처럼 보일지 몰라도, 그 투명한 얼굴에 멋진 미소를 띠고 있었다는 거예요.

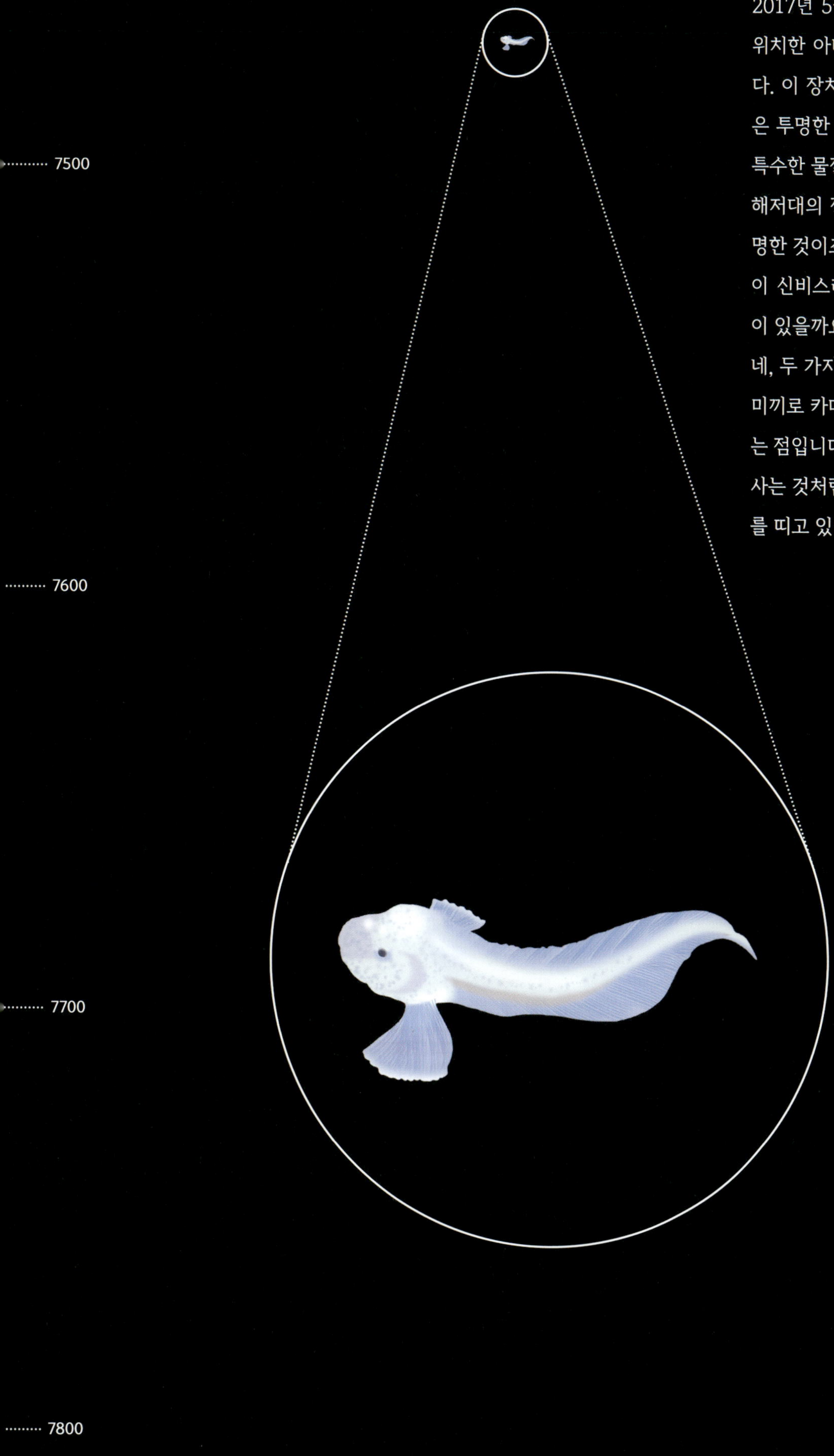

사라져 가는 해양생물의 다양성

인간은 육지동물입니다. 그래서 우리가 물속에서 이동하는 것보다는 비교적 땅 위에서 잘 걸어다니는 것이죠. (예외도 있겠지만요.)

우리는 생물학적으로 땅에 살도록 태어났지만, 인간은 전 세계의 바다를 누비고, 심해까지도 들어가곤 합니다. 물론, 스스로 깊이 들어갈 능력은 없기에 기술의 도움이 필요하지요.

안타깝게도, 지난 세기에 인간은 도가 지나친 행동들을 했습니다. 대단한 현대 기술은 대기와 바다, 지구를 오염시켰어요. 지구를 플라스틱으로 뒤덮어 버리는 것으로도 모자라 동물과 식물들을 서식지에서 몰아내고 사냥과 낚시를 서슴없이 했지요. 이 모든 행동들이 결국 문제를 일으키고 말았습니다. 그중 한 가지 문제는 수없이 많은 동물들이 멸종해 버렸다는 것입니다. 쉽게 말해, 우리는 지구의 생물 다양성을 훼손했습니다.

우리의 삶은 모두 생물들의 상호 관계에 의존하고 있기에, 이것은 큰 문제가 아닐 수 없습니다. 우리가 다른 생물들을 멸종시킨다면 결국 우리의 미래도 지구와 괴리될 것입니다.

이것은 육지뿐 아니라 바다에서 더욱 그렇습니다. 우리가 호흡하는 산소의 50% 이상이 광대한 바닷물에서 얻어지는 것이니까요.

하지만 아직 희망이 남아 있습니다. 우리가 문제를 일으키는 주범이니, 해결할 수 있는 것도 우리입니다. 어떻게 하냐고요? 많은 방법들이 있지만, 두 가지를 권하고 싶습니다. 첫 번째는 수산시장에서 찾을 수 있어요. 생선 요리를 먹고 싶어지면 비교적 덜 유명한 종류를 골라서 사 보는 것이죠. 대서양 가다랭이나 대서양 전갱이 같은 종류들로요. 이 생선들은 기술을 이용한 지나친 어획으로 점점 개체 수가 줄고 있는 검은바다농어, 가자미, 혹은 참치만큼이나 맛이 좋습니다.

다른 방법은 여러분의 베란다에서 찾을 수 있습니다. 우리가 집에 곧잘 두는 관상용 식물 대신, 혹은 그 곁에 꽃꿀이 있는 식물을 길러 보는 것이죠. 그러면 여러분의 싱그러운 식물 코너에 벌이나 나비, 무당벌레 등의 익충들이 자주 들락거릴 테니까요. 이처럼 모든 생물은 긴밀히 연결되어 있어서 (이미 말했던가요?) 윙윙대는 곤충들은 식물을 더욱 푸르게 하고, 바다를 깨끗하게 만들 수 있답니다.

8200

8300

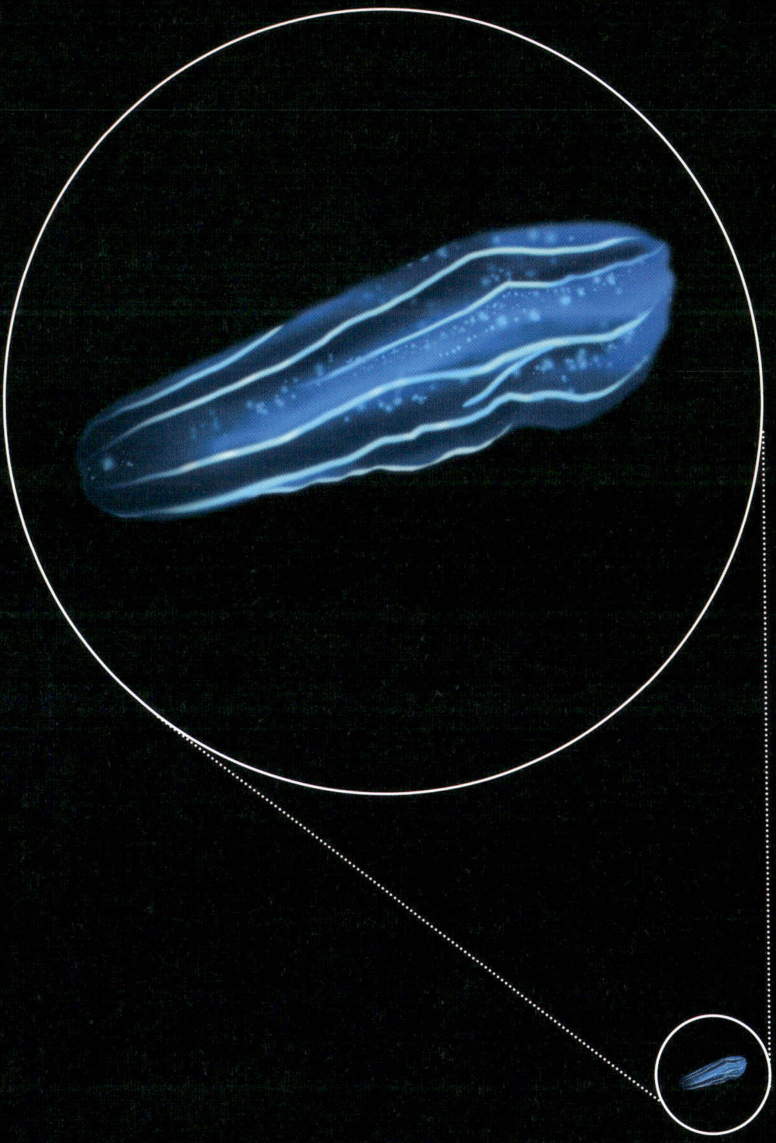

8400

유즐동물 혹은 빗해파리

빗해파리는 사실 이름과는 달리 정말 해파리는 아닙니다.
이 동물은 크게 유즐동물에 속합니다. 오래된 산호라고 설명할 수 있겠네요. 빗해파리는 무척 아름답다고 합니다. 투명한 몸으로 초심해저대 밤의 빛줄기들이 들이비치는 모습이니까요.
깊은 바다에서 춤추는 천사처럼 보이기도 합니다.
하지만 조심해야 합니다. 천사 같은 모습은 속임수거든요.
빗해파리는 두 개의 촉수가 있어 작은 먹잇감을 꽉 붙잡아 숨통을 끊고 잡아 먹어버립니다.
이게 전부가 아니에요. 만약 같은 유즐동물들끼리 만난다면 맹렬한 싸움이 벌어집니다. 이긴 쪽이 진 녀석을 잡아먹어요. 동족상잔이 벌어지는 거죠.

8500

8600

8700

8800

여러분은
에베레스트산(8,848미터)의 높이에
맞먹는 깊이에
도달하셨습니다.

8900

9000

9100

9200

9300

세상에서 가장 긴 산맥
대서양 중앙 해령은 바다 아래에서 무려
1만 킬로미터 이상 길게
이어져 있습니다.

9400

9500

9600

9700

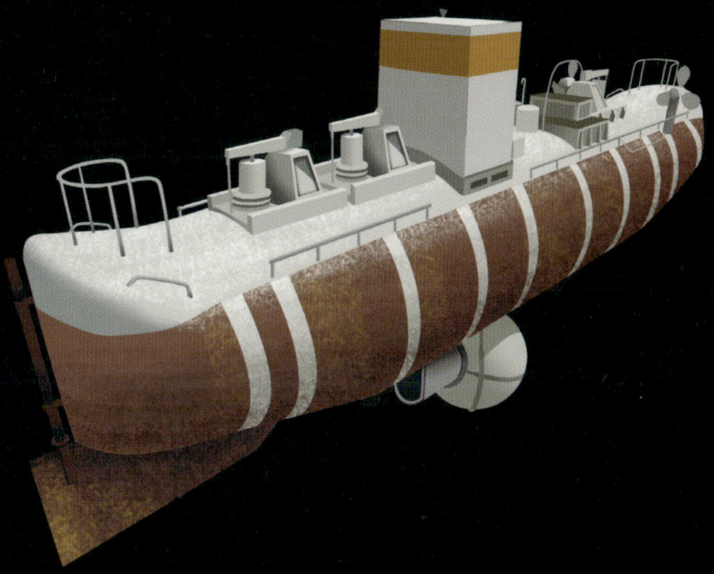

심해 잠수정 트리에스테

9800

스위스 과학자 오귀스트 피카르는 오랫동안 하늘과 열기구에 대해 연구했습니다. 하지만 그의 과학적 지식은 하늘을 높이 날아가는 데 사용되지 않았습니다. 그와 반대로, 마리아나 해구 깊숙이 내려가기 위해서 꼭 필요한 지식이었습니다.

1960년 1월 23일, 지구에서 가장 낮은 곳에 최초로 도착한 심해 잠수정 트리에스테를 설계한 사람은 바로 오귀스트였습니다. 또한 잠수정을 타고 들어가 심해의 풍경을 관찰했던 이들은 바로 오귀스트의 아들 자크 피카르와 미국 해군 대령 돈 월시였습니다. 그들은 20분간 해저에 머물면서 무엇을 보았을까요?

9900

도다리와 가자미가 유유히 헤엄치는 진흙탕이었습니다. 별것 아닌 것 같다고요?

하지만 그들은 그런 엄청난 깊이에서도 생명의 복잡한 실마리를 풀 수 있다는 걸 최초로 확인한 사람들이었습니다.

·········10000

·········10100

·········10200

·········10300

··········10400

··········10500

마리아나 해구의 깊이는
인간이 세운 가장 높은 건물인
부르즈 할리파(828미터) 13개를
합친 정도로 깊습니다.

··········10600

··········10700

··········10800

··········10920

동물 찾아보기 I

가자미
0-200미터

눈다랑어
200-1,000미터

개복치
200-1,000미터

늑대장어
200-1,000미터

게
0-200미터

대구
0-200미터

곰치
0-200미터

대서양고등어
0-200미터

곱상어
0-200미터

대서양조기
0-200미터

귀상어
0-200미터

대왕고래
200-1,000미터

귀신고기
4,000-6,000미터

대왕문어
200-1,000미터

극지별상어
200-1,000미터

대왕오징어
1,000-4,000미터

꼬리돔
0-200미터

덤보문어
4,000-6,000미터

나뭇잎해룡
0-200미터

돌고래
200-1,000미터

넓은주둥이상어
200-1,000미터

듀공
0-200미터

녹색날씬이갯민숭붙이
0-200미터

마귀상어
1,000-4,000미터

농어
0-200미터

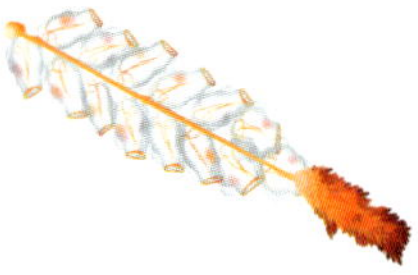

마루스 오르토칸나
1,000-4,000미터

동물 찾아보기 II

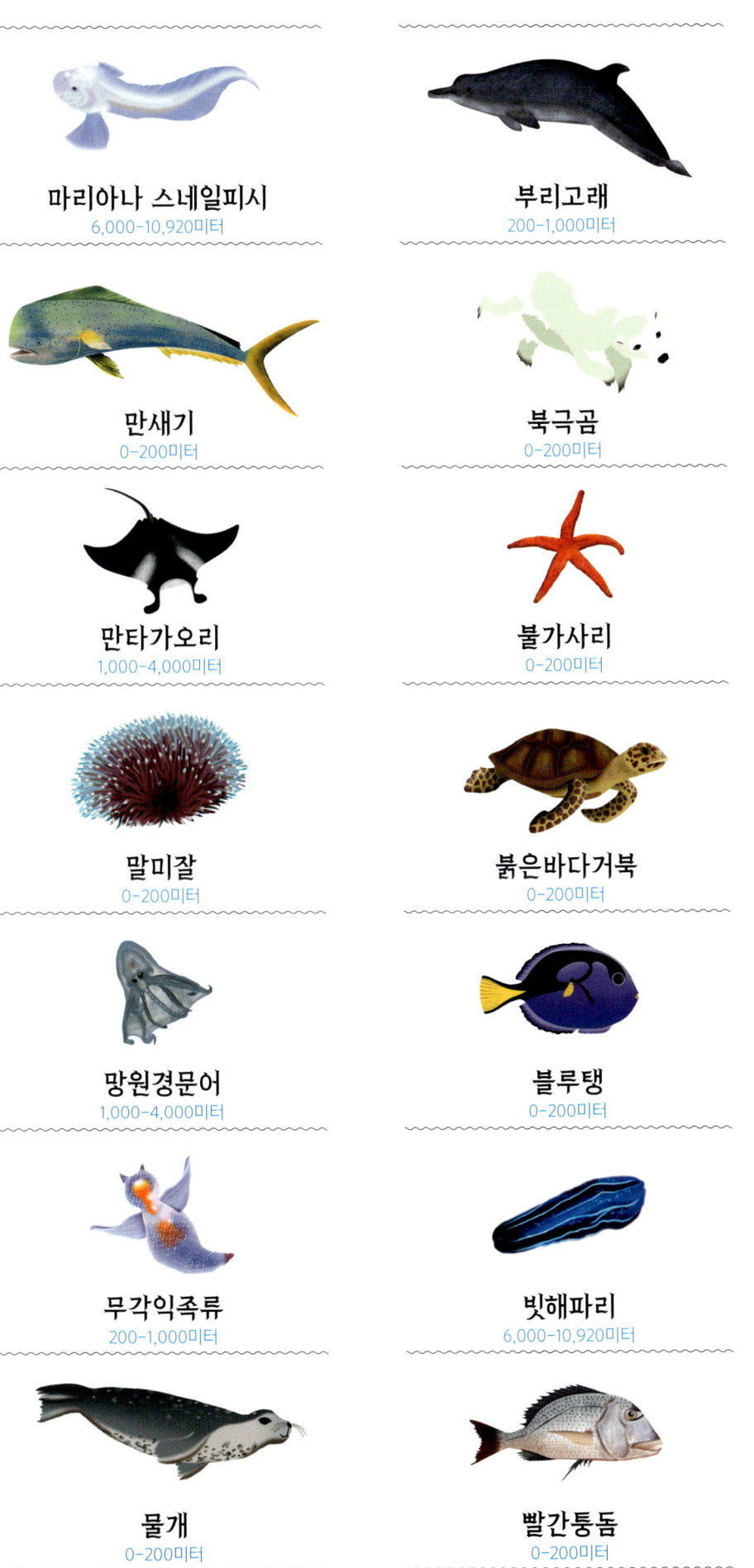

마리아나 스네일피시
6,000-10,920미터

부리고래
200-1,000미터

만새기
0-200미터

북극곰
0-200미터

만타가오리
1,000-4,000미터

불가사리
0-200미터

말미잘
0-200미터

붉은바다거북
0-200미터

망원경문어
1,000-4,000미터

블루탱
0-200미터

무각익족류
200-1,000미터

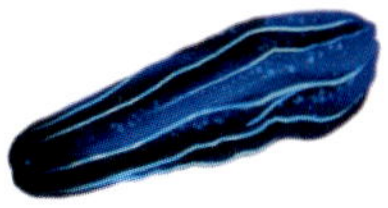

빗해파리
6,000-10,920미터

물개
0-200미터

빨간퉁돔
0-200미터

바다사자
0-200미터

바이퍼피시
1,000-4,000미터

백상아리
200-1,000미터

범고래
0-200미터

벨루가
0-200미터

보라색가오리
0-200미터

복어
0-200미터

산갈치
200-1,000미터

산호
0-200미터

실러캔스
200-1,000미터

아귀
200-1,000미터

아톨라해파리
4,000-6,000미터

알루미늄 새우
6,000-10,920미터

얼굴 없는 광대
4,000-6,000미터

동물 찾아보기 III

연어
0-200미터

창꼬치
0-200미터

오렌지러피
1,000-4,000미터

체인캣샤크
200-1,000미터

올리브각시바다거북
200-1,000미터

코끼리물범
0-200미터

옹달샘돔
0-200미터

키아스모돈
1,000-4,000미터

외뿔고래
1,000-4,000미터

파란농어
0-200미터

유령상어
1,000-4,000미터

해마
0-200미터

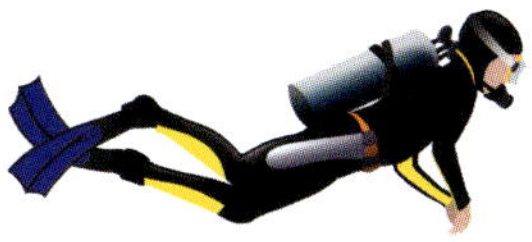

인간

200-1,000미터

향유고래

1,000-4,000미터

작은보호탑해파리

200-1,000미터

혹등아귀

1,000-4,000미터

정어리

0-200미터

황새치

200-1,000미터

좀비벌레

4,000-6,000미터

황제펭귄

200-1,000미터

쥐꼬리물고기

6,000-10,9200미터

흡혈오징어

200-1,000미터

지중해몽크물범

0-200미터

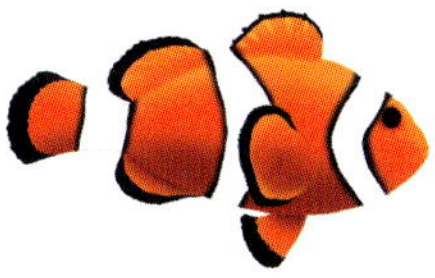

흰동가리

0-200미터